秘伝 BOOKS

JN104992

歩法の極意

ナンバ歩きから縮地法まで

「月刊秘伝」編集部●編

BAB JAPAN

はじめに

おおよそ武術において、最大の極意は〝足運び〟にあると言われます。

相手に読まれない起動、相手よりも素早い移動、死角をつく的確なポジショニング……こういった事ができてしまうなら、それだけでもう勝ちと言ってしまっても過言ではないのです。

これはもしかすると、あらゆるスポーツにおいて、と言ってしまっても過言ではないのかもしれません。いや、日常生活の、あるいは人生の、とすら言えそうな気もしてきます。それくらい、人間にとってベーシックで重要な営みが〝歩く〟という事なのです。

教わらずとも誰でも当たり前にできるようになってしまう行為なだけに、多くの人々は気付かずにいます。自分が合理的でない〝足運び〟をしてしまっている事に。

だから、最も工夫の余地がある部分でもあるのです。だからこそ、武術の世界ではそこに人知れず工夫、努力をし、見出されたものが極意として確立したのだと思います。

本書には、先人たちが「秘伝」として密かに伝え続けてきた術や、現代最新の研究成果とも言うべきメソッドなどまでを盛りだくさんに収録しています。

相手に勝ちたい人も、健康になりたい人も、効率よく日常生活を送りたい人も、この本のどこかには、求めるメソッドが見つけられると思います。

極意とは、往々にして、至って地味なもの。

しかし、知れば確実に変化をもたらしてくれるもの。

それは、本というものの大きな役割のひとつであり、そのきっかけに本書がなるのなら、こんなに嬉しいことはありません。

2023年3月

『月刊秘伝』編集部

※本書は『月刊秘伝』掲載記事を再構成したものです。

目　次

第1部

歩法で身体を変える！

第1章

ナチュラルな歩き「背骨歩行」で目覚める人間本来の身体

エボリューションウォーキング®——◉中村尚人

①直立二足歩行に適した、人間にとっての本来の歩き方とは？

みなさんの歩きはナチュラル（自然）ですか？　一般的に、自分の歩き方がアンナチュラル（不自然）だと思っている方は少ないでしょう。しかし、歩きの専門家として私が街行く方々を観察すると、残念ながら8割の方がアンナチュラルな歩き方をしています。移動するための手段が「歩き」ですから、どんな歩き方であれ、移動できていれば目的は達していますので、その方法がナチュラルどうこうと、そこまでこだわっている方は少ないかもしれません。

歩きは、呼吸と同じく誰に指導される訳でもなく、自然と出来るものです。幼少の頃、七転八倒しながら自分で試行錯誤し、多くの経験の中から培うものです。しかし、この多くの経験の中で、誤った情報や偏った身体の使い方などによって、本来のナチュラルな歩き方から大きく逸脱してしまっているのが現状です。デスクワークにビジネスバッグ、タクシーに電車、そして過保護すぎる靴などなど、現代の都市生活そのものが、ナチュラルに歩くことを難しくしていると言っても過言ではないでしょう。

私のいうナチュラルな歩き方とは何か。それは進化の中で獲得してきた、人間特有な骨格に基づいた歩きを指します。人間は他の脊椎動物と比べ、とても独特な骨格を持っています。大まか

中村 尚人

Nakamura Naoto

理学療法士、ヨガインストラクター。大学病院リハビリテーション科勤務を経て、急性期病院から介護保険領域まで幅広く経験を積む。その後、ヨガインストラクター、ピラティスの国際ライセンスを取得。ヨガでは代々木のヨガスクール UTL にて一般中級クラスを担当、およびヨガの解剖学の講師を務める。2008 年より、毎年日本最大級のフェスタであるヨガフェスタに講師として参加している。現在は、医療とボディワークの融合、予防医学の確立を目指し日々、患者や生徒と向き合っている。八王子にて、ヨガ・ピラティス・フィジカルスタジオ「タクトエイト」開設。DVD『体幹が自然に出来るピラティス入門』（BAB ジャパン）など。

タクトエイト　TEL＆FAX 042-626-3077
http://www.takt8.com/

「大後頭孔が頭頂の真下にある」「腰椎に前弯がある」「大腿骨の頸体角が大きい」など、人間特有の骨格は、直立二足歩行に適している。ナチュラルに歩くということは、こういった骨格に適した歩行を行うことなのだ。

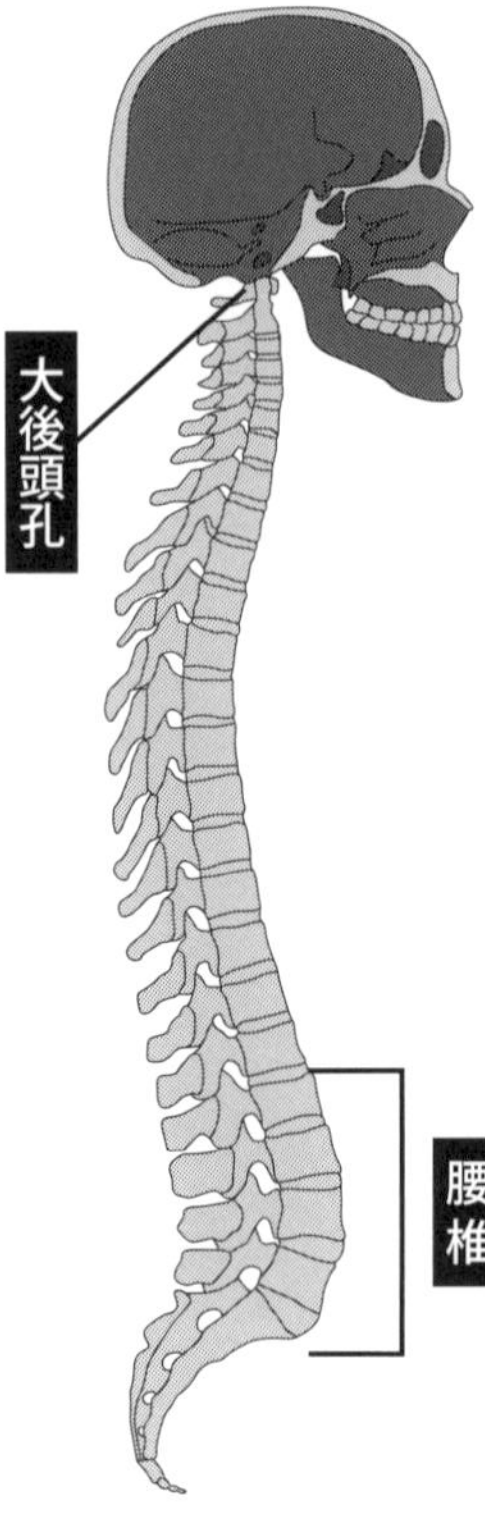

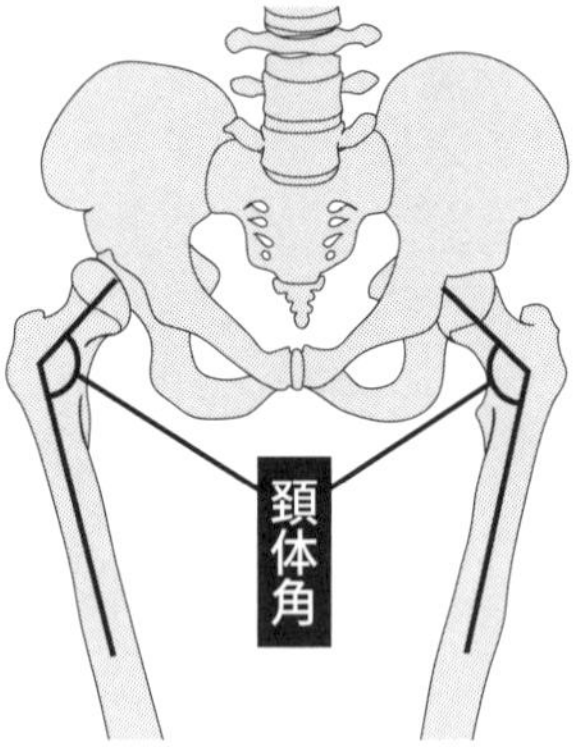

なものを上げると、「大後頭孔が頭頂の真下」、「大腿骨の頸体角が大きい」、「足の親指が他の指と平行」、「腰椎に前弯がある」、「足にアーチがある」などです。

　これらの特徴は、全てヒトの最大の特徴である「直立二足歩行」のために出来上がったと思われます。歩くために出来た骨格と考えると、

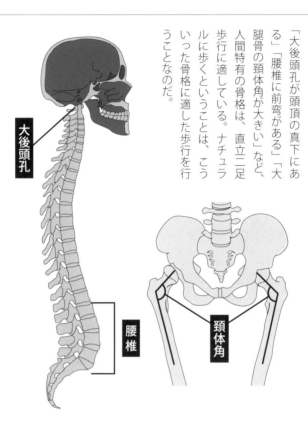

ナチュラルに歩くということは、その骨格や、それによって構成される運動機能などが正しく使えるということになります。進化の中で培ってきたものには意味があり、そして価値があります。進化の自然選択という中で残ってきた機能ということになるからです。

私は、最近「野生＝本来の姿」ということを良く考えます。野生動物に、感染症等は除いて、いわゆる人間に蔓延している生活習慣病はあるだろうか？　老化といわれる関節障害はあるだろうか？　もちろん、長寿という視点で行けば、野生よりも都会の方が長生きでしょう。しかし、身体も心も健康な状態の長生きとなるとどうでしょうか。少し疑問を持ちます。長寿だけでなく、若い方を含めても野生と比べて健康とは言えない気がします。原始的な生活をしている原住民のドキュメンタリーをいくつか見ましたが、それらを見ると今でも、何とも生き生きとした表情と肉体が印象的でした。

②ナチュラルな歩きで身体の不調を改善できる

進化の中では、自然選択が働きますので、生存競争に勝てないものは淘汰されます。つまり、ヒトが進化の中で獲得してきた機能は、とても生存に有利だということです。その基盤が、歩くということではないかと思っているのです。そもそも健康とは、ナチュラルに歩けることに基づいているのではないかと。そのように考えると、実は多くの障害や病気は、アンナチュラルな歩き方と関係があるということが見えてくるのです。

五十肩など肩に障害がでる方は多くいます。その原因として、肩の深部にある回旋筋腱板（ローテーターカフ）という安定化機構が破綻していることが指摘されています。その為、肩が痛くなるとカフエクササイズというチューブトレーニングをすることが多いです。しかし、なぜその安定化機構が破綻したのかという根本原因については説明されません。姿勢不良なども大きな原因ですが、多くは、ナチュラルに歩けていないことが根本原因です。ナチュラルに歩けていれば、回旋筋腱板は適切に働くのです。

首や膝が痛いという方も多いですね。これは脊椎の中でも胸椎が硬くなった場合に起こりやすい障害です。ですので、胸椎を動かすトレーニングがよく提供されます。しかし、これもなぜ胸椎が硬くなったかと考えていくと、やはり歩行に行き着きます。ナチュラルな歩きでは、胸椎を柔軟に使っているのです。この胸椎の動きは、呼吸機能にも影響を与えますので、正しい歩きは呼吸機能の健康にも関わっています。

足のむくみ、冷え性、足がツルなども、ふくらはぎに問題があるといわれ、揉んだり、スリッパで強制的に伸ばしたりすることが奨励されています。これも原因を辿れば、アンナチュラルな歩きに繋がっていきます。ふくらはぎは、血液の循環とも関係がありますので、心臓への負荷を考えてもナチュラルな歩き方が必要なことが分かります。

心の問題も現代の大きな課題です。せっかちでストレスフルな生活は、せっかちな歩きと関係があります。ゆったりとした歩きは、ゆったりとした心とも関係します。ナチュラルな歩きは、心や自律神経にも影響を与えると考えられます。

このように、実は多くの障害や病気はアンナチュラルな歩きと関係があるのではないかと考えられます。逆に言えば、ナチュラルな歩きが出来ていればこのような障害や病気の多くはなくなるはずなのです。

ちまたには様々なウォーキング法があります。しかし、それは進化からみて矛盾のないナチュラルな歩きなのかは疑問です。私は、進化学、解剖学、形態学、生物学などの知識から、ナチュラルな歩きを導き出しました。それがゲイトペンドラム理論であり、エボリューションウォーキング®なのです。

❸「ナチュラルな歩き」とは？

それでは、実際に進化からみたナチュラルな歩きとはどのようなものでしょうか。先ずは脊椎動物のロコモーション（移動）について考えてみましょう。魚類、両生類、爬虫類の多くは脊柱（背骨）を横に動かしながら移動します。これは側屈という動きになります。では哺乳類はどうでしょうか。哺乳類の多くは脊柱を縮めたり伸ばしたりしてはねる様にして移動します。これは屈曲、伸展という脊柱の動きになります。

では、ヒトはどうでしょうか。ヒトだけが足で駆動して脊柱は動かしてないのでしょうか。私はそうは思いません。二足歩行の特徴は足が左右非対称に動くということです。一方が前にあり、一方が後ろにあるということは骨盤を見ると捻れるということになります。これは骨盤から見ていますが、上半身から見ても、腕は前後に振っていますのでやはり捻れている形になります。つまり、歩くとは捻り動作であると捉えられるのです。これは脊柱では回旋という動きになります。

ヒトの進化を考えるときにヒトに一番近い類人猿と比較することは、とても役に立ちます。類人猿とは、しっぽのない猿であり、知能も高く手を器用に使って道具を用いたりするもの達です。

彼らも、ものを持ったまま移動する時に二足で立って歩きます。しかし、その時に身体は捻りません。立てた板を左右交互に前に出す様に移動します。背中も丸いままで、人間のような腰椎の前弯は見られません。

実は直立を継続すると猿であっても、腰椎は前弯することが研究で確かめられています。この前弯のできた猿では、歩きを行うと猿特有な曲がった股関節や膝関節が伸びてくることも同じく確かめられています。変化はそれだけでなく、直立になることで体重が腰椎にかかり、腰椎は安定化のために巨大化し、脊柱の関節（椎間関節）も大きくなりました。また同時に、直立姿勢は腕を大地から自由にしました。これによって、腕を振ることが出来る様になりました。類人猿の腕は、ナックル歩行をしているため、足よりも長くなっています。立ったことで、この長い腕を持て余し、自由度があるために、この腕を前後に振って足の歩きと同期させていったのではないかと私は考えたのです。

この腕と足の同期は長時間歩くのにはとても理にかなったものだと思われます。腕は振り子の様に筋力をあまり使わなくても重さを移動させることが出来ます。また、振り子はリズムが一定となるため、恒常的なリズム的な歩行にはとても有利と言えます。ＣＰＧ（セントラルパターンジェネレーター）というリズムを作る機構が、脊髄に存在していることが研究で確かめられてい

ナチュラルに歩くためのポイント１

【軸の回旋による歩行】

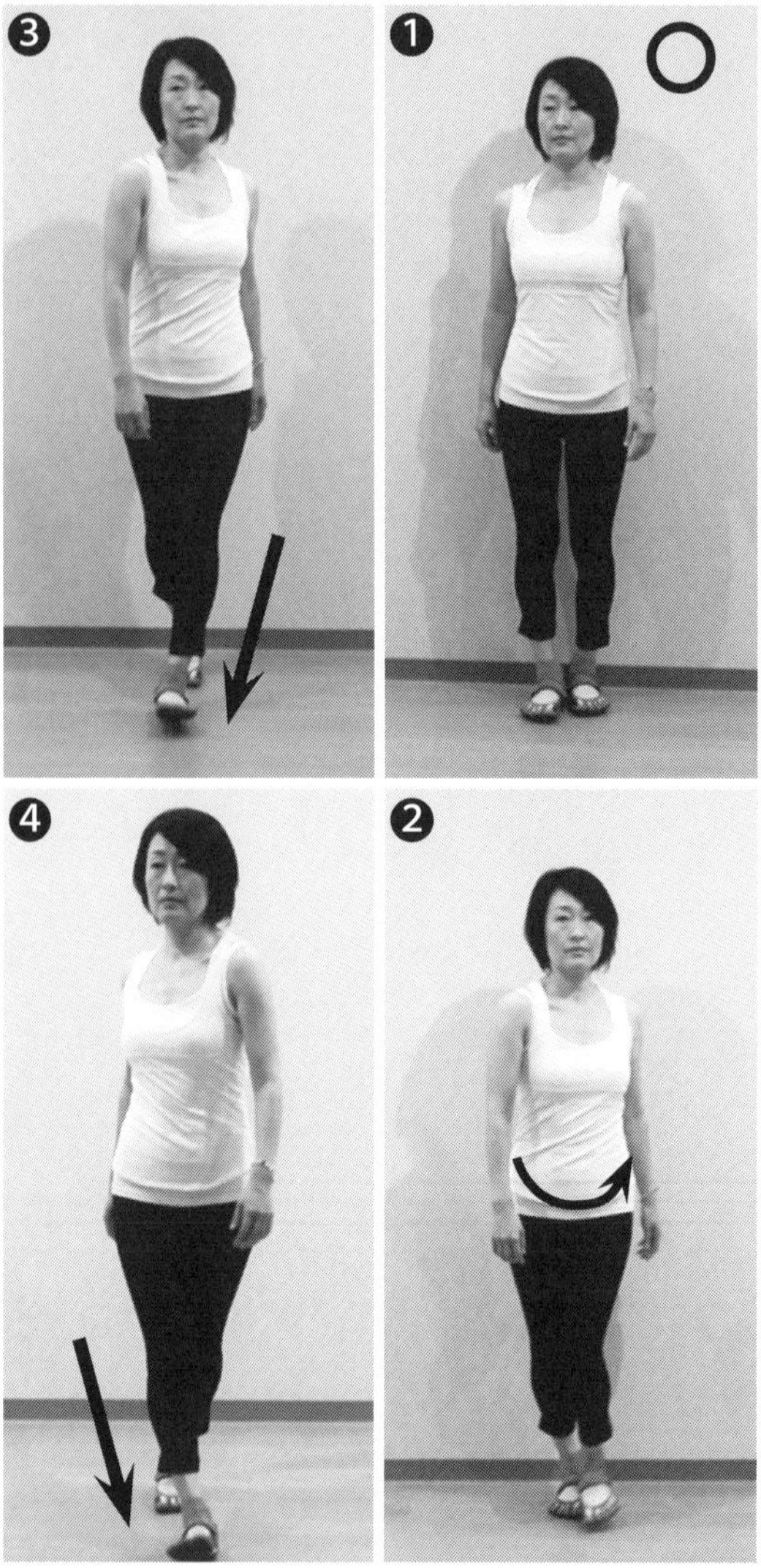

軸の回旋を強調した歩き方。①〜②脊柱を中心に左に身体を捻りつつ、左足を出す。③このように捻りを加えた状態で真っすぐに歩こうとすると、踏み出す足は身体の中心側、この場合は右側に自然と踏み出す動きとなる。④二歩目以降も、同じく身体の中心側に足を踏み出す形となる。女性に特に多く見られる歩き方である。

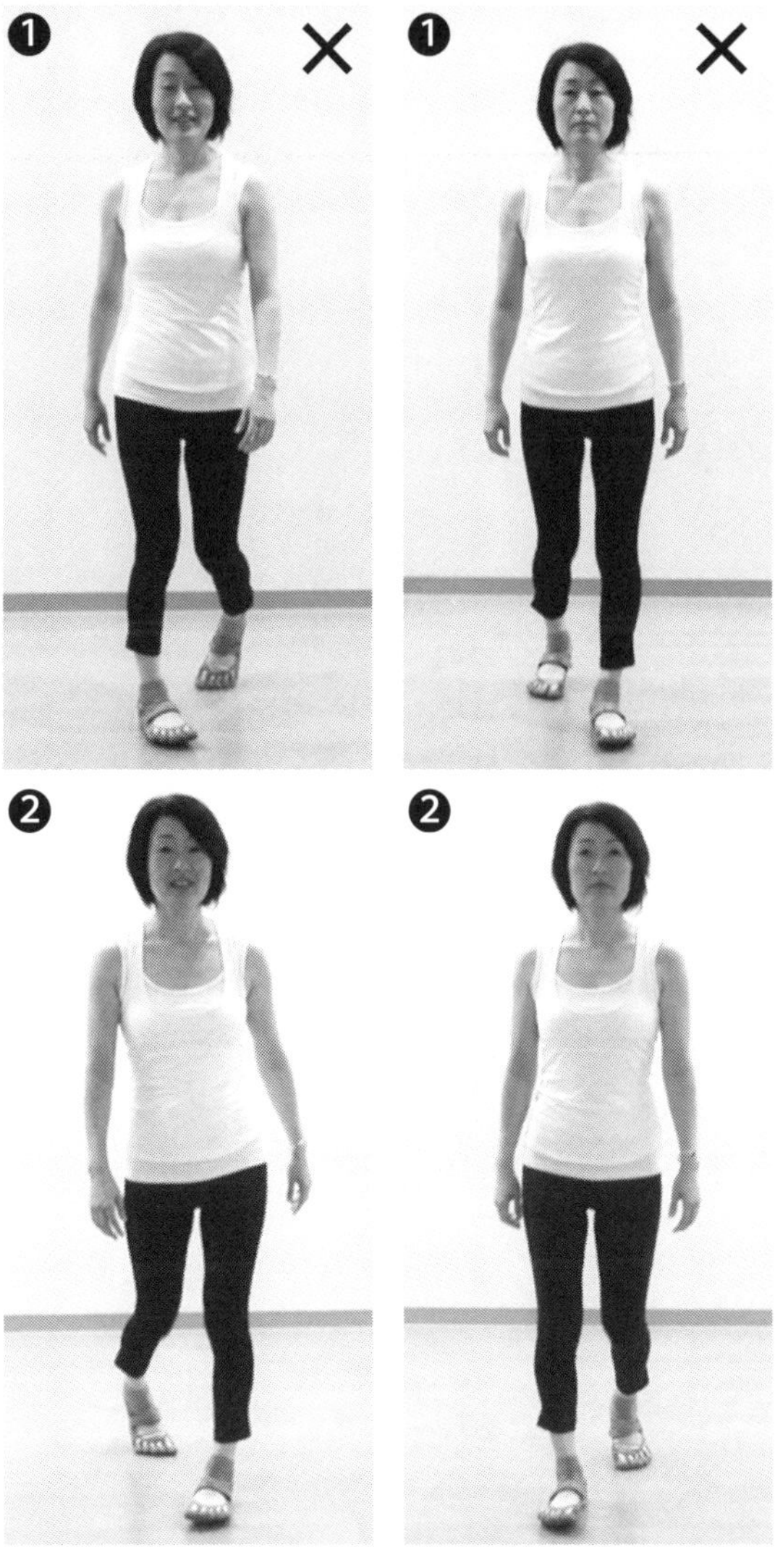

良くない歩き方の例。右列の①～②は身体を捻ることなく足を踏み出している。踏み出した足が身体の中心側に寄っていないのがわかる。左列の①～②は内股での歩き。日頃から割り座などの習慣がついてしまっている女性などは、こういった歩き方になってしまう。近年、若い女性に特に多く見られる歩き方。

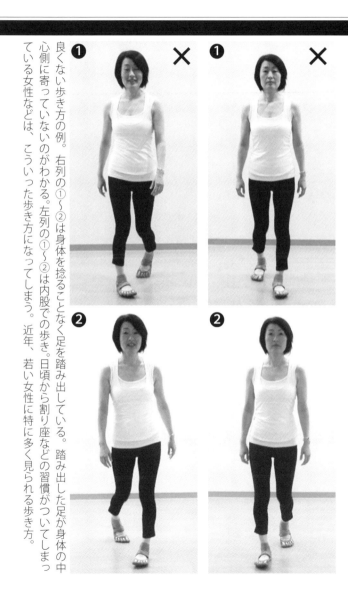

ナチュラルに歩くためのポイント2

【胸椎から腕を振る】

歩行の際の腕の振りは、腕だけで振る（右）のではなく、胸椎から振る（左）。真横から見ると背中が見える状態となる。この感覚を養うために、通常より腕を大きく振りながら歩行するのも一つの方法である。

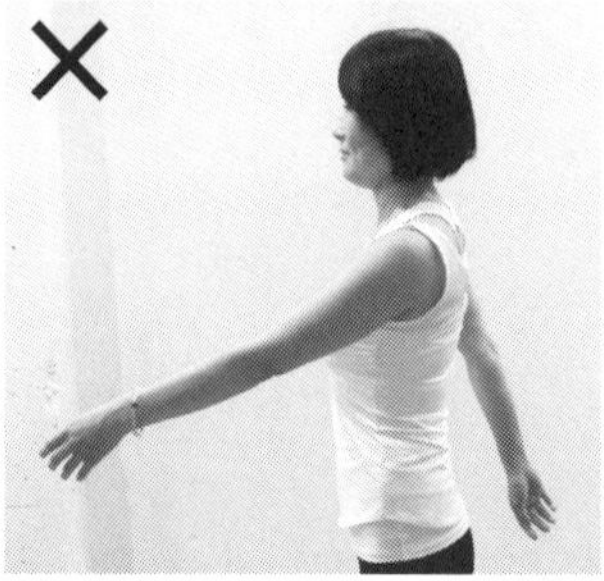

ナチュラルに歩くためのポイント3

【踏み出す足は踵から】

踏み出す足は足裏全体で着地する（右）のではなく、踵から着地する（左）。このとき重要なのが、踏み出した足の踵が地面に着き、つま先が上がっており、後ろの足の踵が上がり、つま先が地面についている瞬間を一歩ごとにつくることである。そうすることで、踏み出した足のふくらはぎが使われる歩行となる。

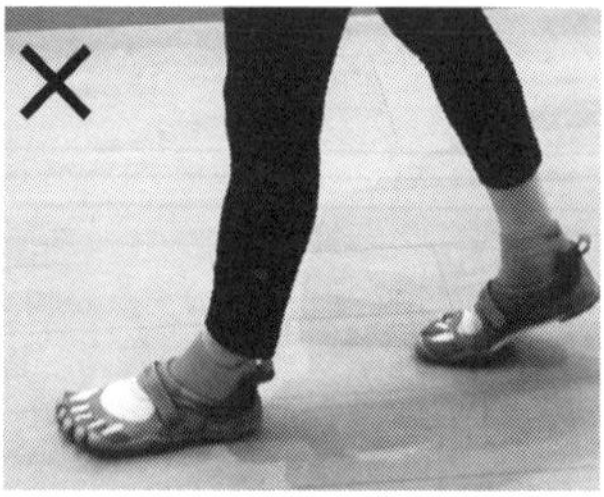

ナチュラルに歩くためのポイント4

【踏み出した足のつま先が着地する時には重心は前に移っている】

踏み出した足が踵から着地し、つま先が地面につく時に重心が後ろに残っている状態（右）はよくない。この後方重心の歩き方は、ふくらはぎを使っていない歩き方となる。つま先が地面につく時には重心は前に移っている（左）。実際に正しい歩行を試してみると、ふくらはぎが使われている感覚がわかる。

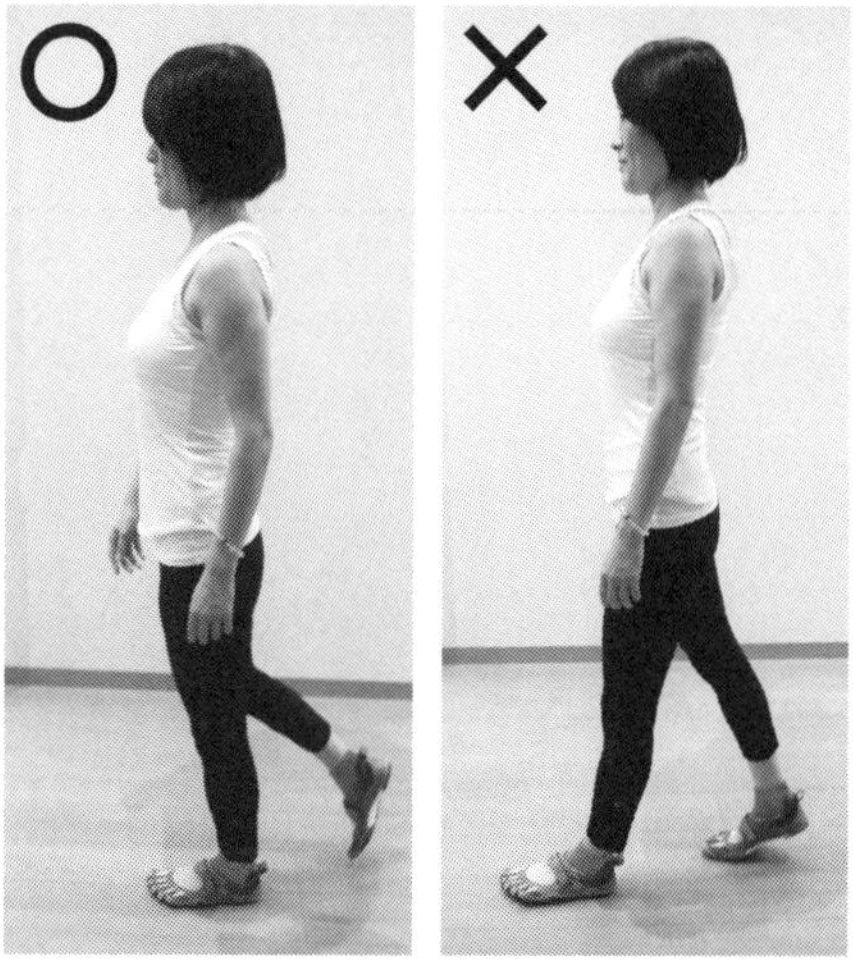

ます。いちいち頭で考えなくても、歩くということは一定のリズムによって律動的に行われているのです。腕の振り子によるこのリズム運動は、とても都合が良かったのではないかと考えています。

❹ 脊柱を回旋させる〝ゲイトペンドラム理論〟

このように、ヒトの二足歩行は、脊柱の回旋と腕の振りが大きな役割を担っていると思われます。これが、私が現在提唱している、「ゲイトペンドラム理論」になります。つまり、歩く時には、しっかりと腕を胸椎（胸郭）から振る必要があるというものです。

ここで少し注意が必要ですが、腕を振るためにも胸を捻るからといって、上半身と下半身を互いに反対方向に積極的には捻っていないということです。捻るというと、どうしても違う方向に動かす様に思われますが、実際は胸の捻る力は、まず腰に伝わって、次に骨盤に伝わってというふうに同じ方向に起こっていきます。つまり、上半身（肩甲骨）と下半身（骨盤）は相対的に捻る形になっているのです。効率という観点から考えても、自然な動きですね。

もうひとつ、ゲイトペンドラム理論の要素として、「脊柱のカップリングモーション」というものがあります。これは脊柱の動きはカップル（二つ一組）で起こるという背骨の専門家であればよく知られた現象です。大まかに説明しますと、胸椎は側屈と回旋が同方向でセットで起こります。また腰椎は、側屈と回旋が、逆方向にセットで起こります。例えば脊柱を左に捻った時、胸椎には左側屈が、腰椎には右側屈が起こります。これは椎間関節の形状で無意識に起こる機構です。

とても有名なものですが、この機構がなぜヒトの身体の中で起こるようになってきたのかはいまだ解明されていません。私は、これも胸椎（胸郭）の回旋運動がきっかけではないかと考えています。

直立することで腰椎の前弯が出来ることは前述しました。そして、腰椎の椎間関節も巨大化し

【脊柱のカップリングモーション】

胸椎と腰椎は同じ方向の回旋の時に互いに反対に側屈することでバランスを取っている。

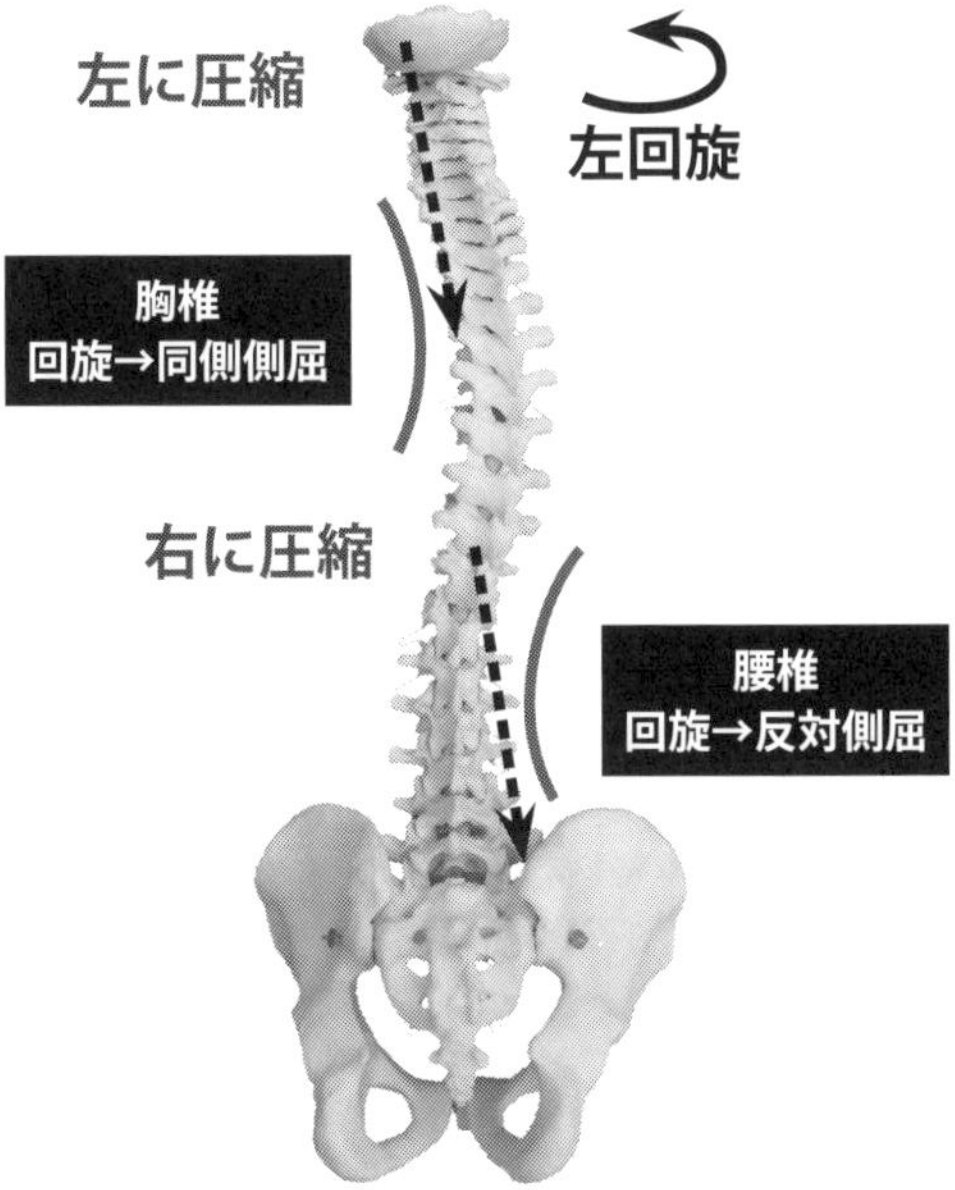

安定することもお話ししました。すると、ここに脊柱の生理的弯曲という、横から見た時の脊柱の自然なS字カーブが形成されます。この状態で、脊柱を捻ると、実は先ほど説明したカップリングモーションが自然に起こるのです。つまり、直立姿勢に腕の振りという回旋動作が起こったことで、この機構が出来上がったと考えられるのです。

この機構はとても歩くのに適したシステムなのです。S字カーブが重力に対して、前後バランスを取る様に働き、背骨の圧縮力を分散していることはとても有名です。これと同

【前後左右に生じるS字カーブ】

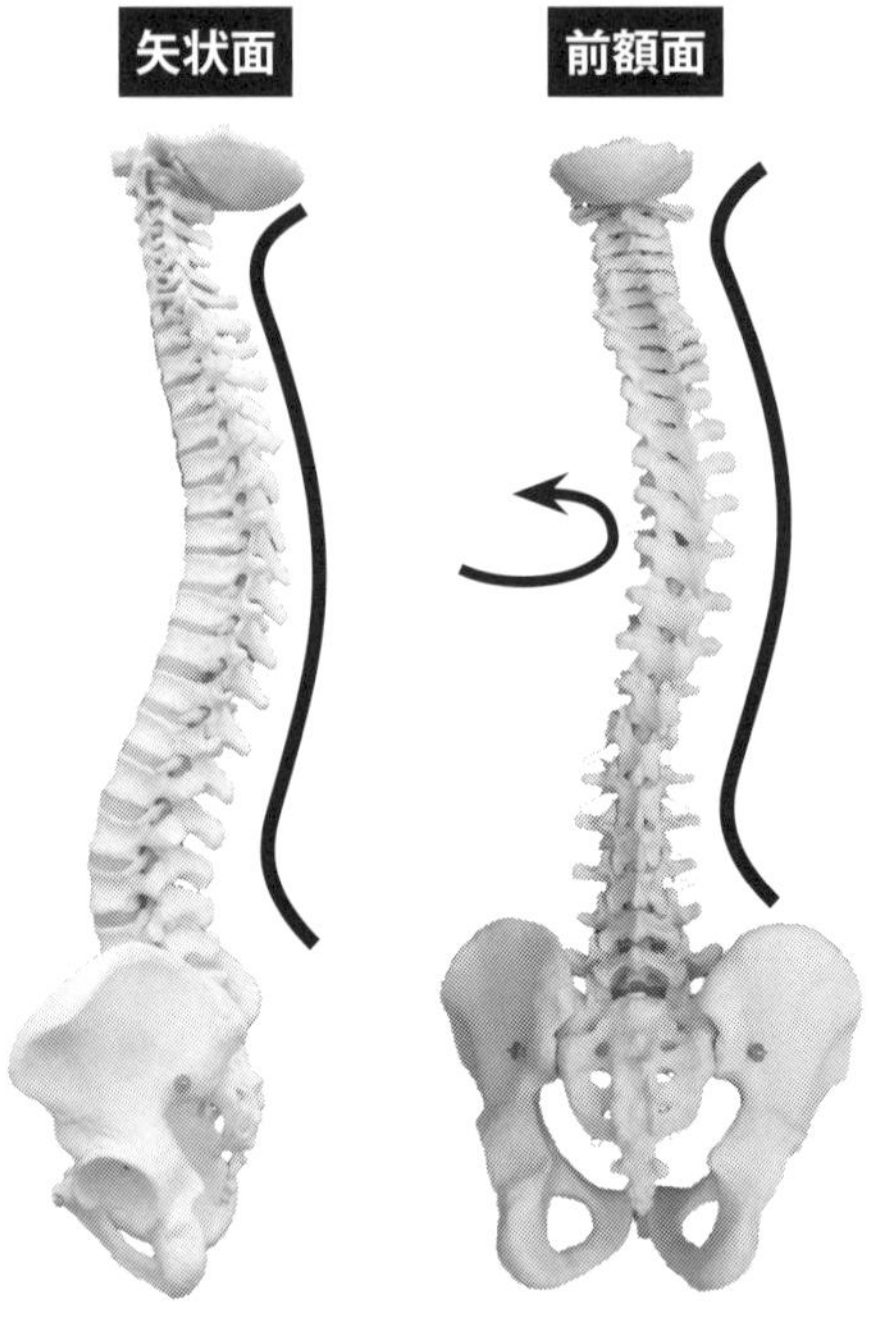

脊柱は回旋することで、前額面（身体を正面から見た面）と矢状面（身体を真横から見た面）にS字カーブが生じる。これにより前後左右に崩れないバランスのとれた状態となる。

じ様に、実はカップリングモーションも後ろから身体を観察すると、S字カーブが現れるのです。

　ということは、これは、左右バランスを分散するということを指します。つまり、脊柱の回旋動作は、カップリングモーションを引き出し、脊柱の生理的弯曲とともに重力によって潰れない様に、前後左右のバランスをとる安定化機構ということが分かるのです。一般的にいう、ぶれない身体の芯とは、このことなのです。そしてこれは筋肉というよりも、関節によって起こるので、効率的な歩行を考える時に、とても理にかなった機構なのです。と同時に、やはり回旋することの重要性が分かります。

胸椎（胸郭）の捻り動作は、腕の振りと相まって重心の移動にも関係があります。上半身が捻れて、その力が伝わって骨盤も回旋していくと、足に対して骨盤が片方だけ前方に位置する様になります。この位置関係は、骨盤に対して足が後ろにあるということなので、足はついていくように結果的に蹴る形になります。

また、腕を振っているので、その腕の質量も前方への振りとなり、前方推進を容易にします。よくウォーキングでは、足でしっかりと蹴るといいと言いますが、ただ蹴るだけでは、身体は上に行くだけなのです。骨盤が足に対して前にあるから蹴る力が前に身体を押し出すのです。もしふくらはぎだけで推進していたら、もっとふくらはぎが太くないといけません。

❺ 現代によく見られるアンナチュラルな歩き方

○後方重心

身体を捻らずに、特に腕を振らないで歩くと質量が前方に移動しづらく、重心が後ろに残る後方重心になります。ヒールを履いた女性で、前足部に乗れずに踵重心の方が多いですが（ヒールのある靴を履くと日本人の場合、多くは倒れないように踵側に重心をかける）、そうすると膝を曲げて足を出さなくてはならないので、変な歩き方になってしまいます。

また、重心が後方にありますと、つま先を使わないので、ふくらはぎが使われず、むくみや冷え性などの循環障害を生みます。ふくらはぎは前重心のように、床を押す時に働きます。

ふくらはぎは第二の心臓と言われる様に、心臓から一番離れているので、血圧だけではなく、筋肉の圧迫力（ミルキングアクション）によって血液を戻しています。ですから、歩こうという感じで立っている時の理想的な重心の位置は、土踏まず（舟状骨付近）になります。歩いている時もしっかりと重心は前足部に乗せていきます。つまり、支持している足の方では、踵が上がっている状態が、踵が付いている状態よりも長くなります。

また、捻らないと重心の移動がスムーズにいかないため、身体を左右に揺する様にして重心移動をする様になります。これは、膝などに左右へのストレスをかけることとなり、O脚などの原因にもなります。

○偏った脊柱

肩がけバッグなどで、片方のみに重みを負荷して歩いている方を本当に多く見受けます。このような状態ですと、当然、脊柱は重さを釣り合わせるために傾きます。この状態を続けていると、何も重りがない時でも脊柱は傾いたままに慣れてしまい、元に戻る方が違和感を感じる様になります。脊柱が傾くということは、身体を捻る中心がずれるということになり、的確な回旋動作が行えなくなります。それだけでなく、重心も傾くため、膝や腰などにも大きなストレスがかかり、痛みや変形、捻挫などの原因にもなります。

脊柱の傾きに影響を与える習慣は、肩掛けバッグの他にも、噛み癖、偏ったスポーツ動作、髪の分け方、寝方、偏った姿勢の仕事などがあります。意外と日常に身体を歪ませる習慣は潜んでいます。日頃から偏った動きは持続しない様に、正中を感じる時間を持つなど注意が必要です。

◯内股

特に若い女性に多いのが内股です。内股は子どもの頃は、割り座、トンビ座りとしてよくある姿勢ですが、当然アンナチュラルと言えます。歩くだけでなく、走るのも難しいです。自然界なら肉食獣の格好の餌でしょう。子どもの頃から割り座を習慣にしていると、大腿骨の頸部の捻れ(前捻角)も影響を受け、一生内股が治らないこともあります。こういう習慣は由々しき問題ですが、なかなか問題として取り上げる専門家がいないのは残念です。

内股ですと、体重が前にかかっても小指側に乗ってしまい、有効な蹴り出しが難しくなります。

また、上半身からの捻れは本来、鼠径部を外に開く様に（股関節の外旋として）下肢には連動していきますが、股関節が内側に捻れて（内旋）いるために、それがしっかりと出来ずに、股関節が十分に機能しなくなります。

⑥エボリューション・ウォーキング®を身につけるためのエクササイズ

進化の過程から歩行を紐解くことで見つかったゲイトペンドラム理論。この理論に則ったウォーキング法がエボリューションウォーキング®です。このウォーキングをしっかりと身につけるために有効なエクササイズがあります。その中のいくつかを紹介します。

また、エクササイズおよび主要なウォーキング法に関しては、ＤＶＤ『背骨歩行でカラダがよみがえる　エボリューションウォーキング』（ＢＡＢジャパン）を参照頂ければと思います。

エボリューション・ウォーキングを身につけるための エクササイズ１

【片足バランス】

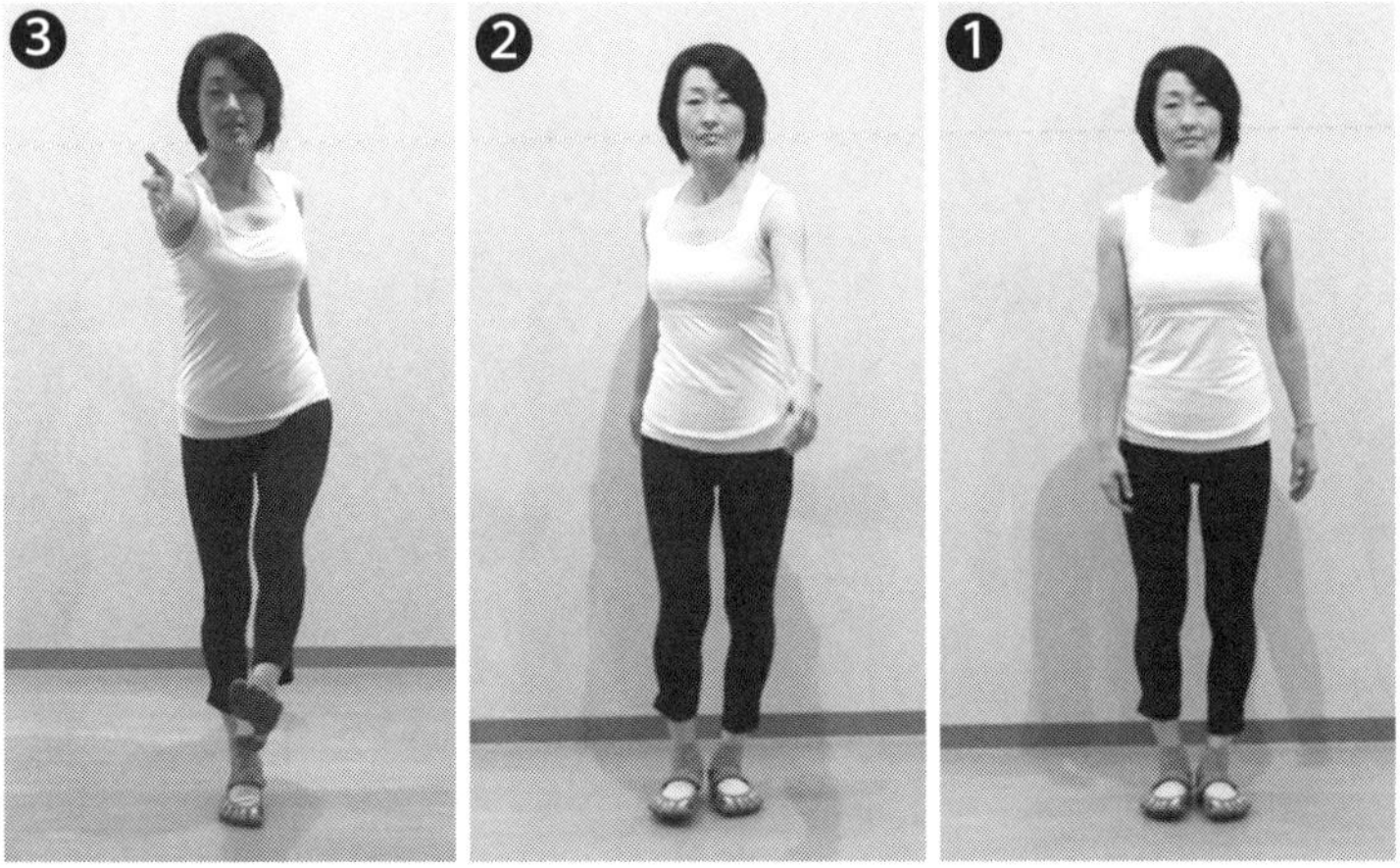

左足を上げる形の「片足バランス」の場合、①～②左腕を前に振りながら右足を少し前に出して、軽く反動をつけて、③左足を前に上げ、右足をつま先立ちにする。可能な限り、③の体勢をキープする。最初は２、３秒間この姿勢を維持するのでも、なかなか難しい。

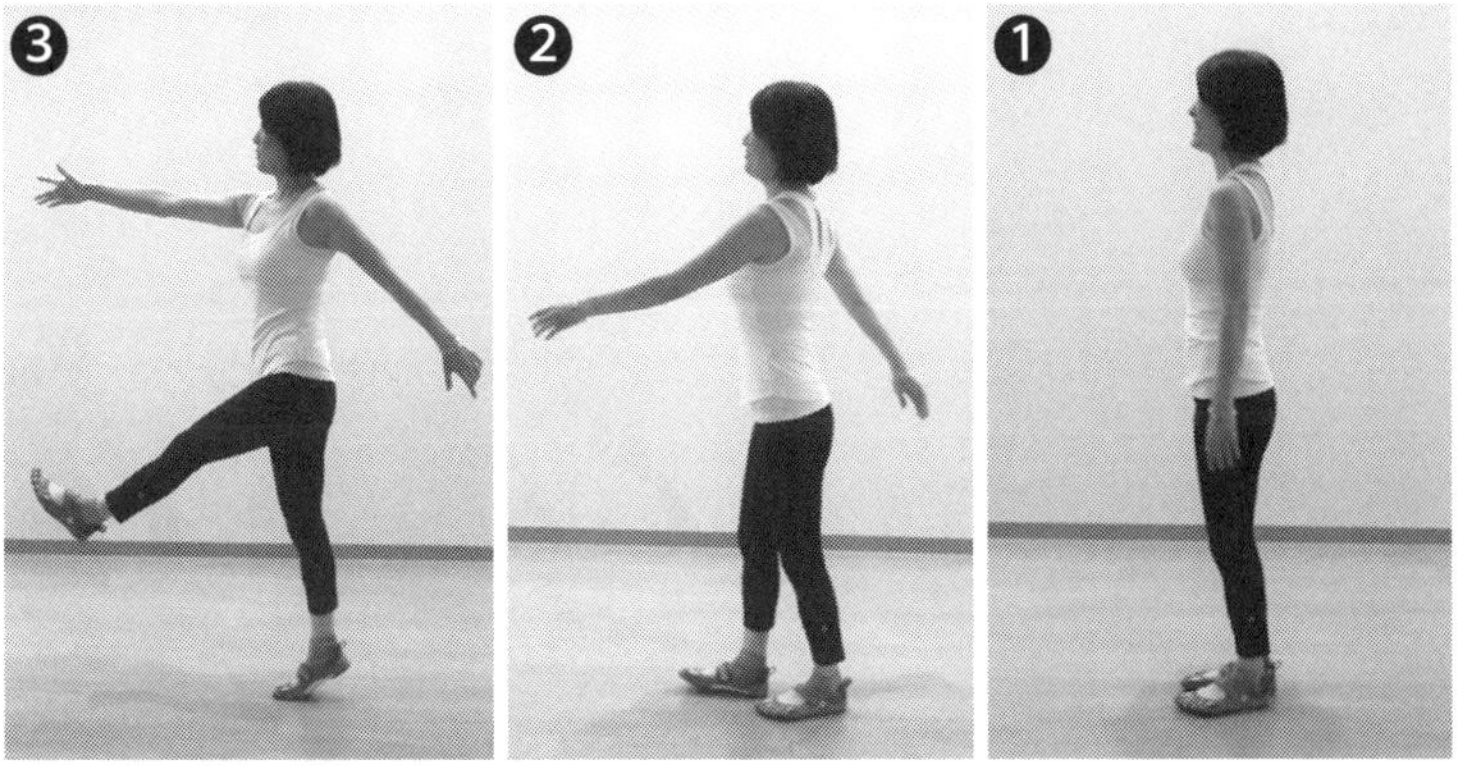

エボリューション・ウォーキング を身につけるための エクササイズ２

【胸椎の回旋運動】

肘をしっかりと前に突き出すように、骨盤を立てる意識をもって捻る。また、後足は踵を蹴った意識でつま先で支える。この運動によって歩行時の捻りのパターンを身体に定着させる効果がある。身体の癖などで、左右どちらの動きが得意かどうかは人によって違ってくる。写真では右に回旋させる（②）より、左に回旋させる（④）方が苦手であることがわかる。可能であれば、鏡を見るなどして自分の動きをチェックしながら行うのがよい。

❶

❷

❸

❹

❶
❷
❸
❹

エボリューション・ウォーキング を身につけるための
エクササイズ3

【ペンドラム体操】

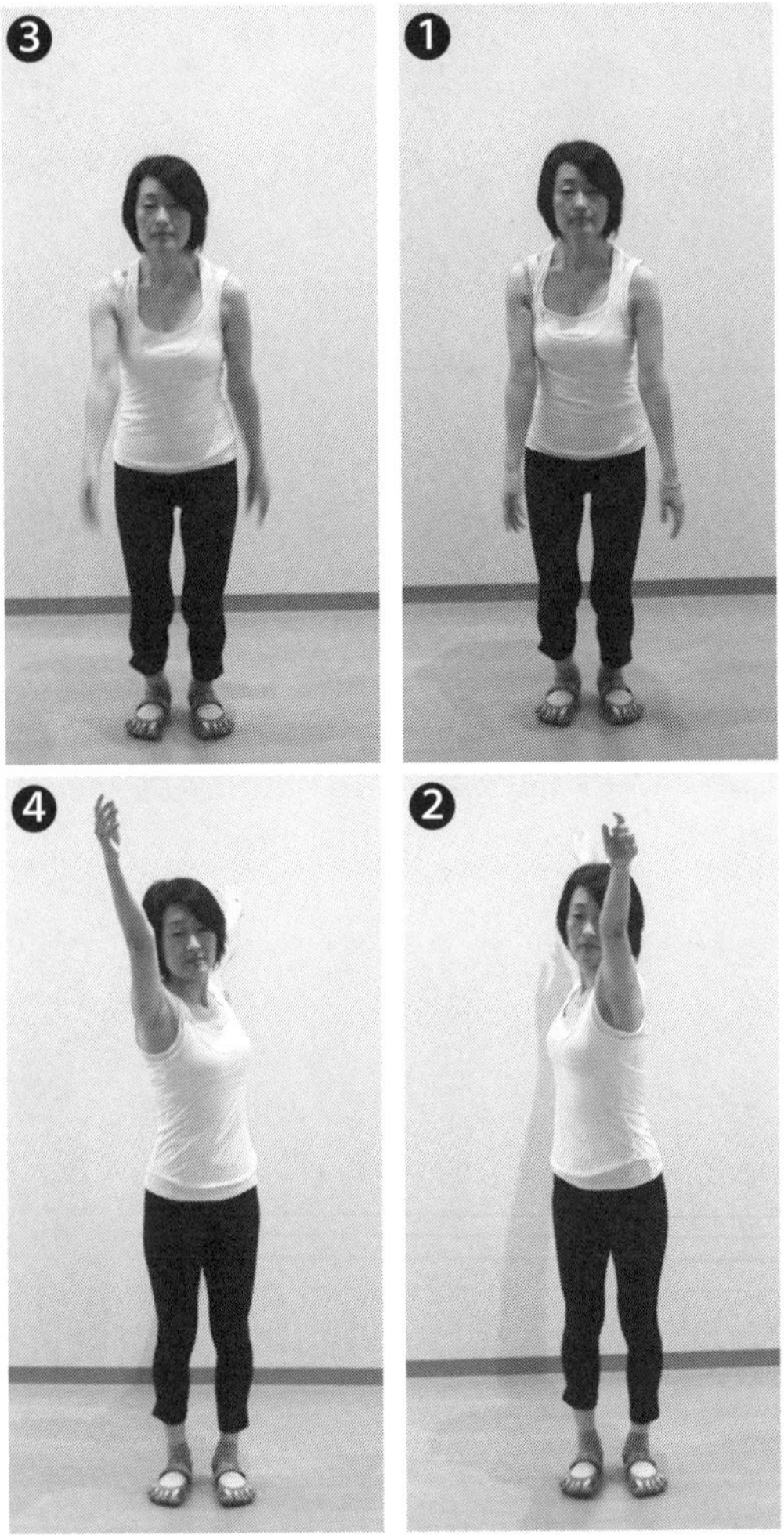

「ペンドラム体操」は何種類かあるが、ここではその中の一つ、左右の腕を上げ下げしながら前後に振るエクササイズを紹介する。肩の力を抜いて、柔らかい動きを心がける。腕を上から下に振り下ろす時、腕の重さを使って慣性力を利用するイメージで行うとよい。こういったエクササイズを行うことで、ナチュラルな歩行をするのに適した身体づくりに繋がる。

第2部

戦いを制する歩法

第2章

完璧にして根源へ至るあくなき〝神技〟の探求

太気拳歩法

◉岩間統正

文◉大塚義彦

①〝拳聖〟の系譜を継ぐ

中国武術には「手は教えても歩は教えず。歩を教えれば師が打たれる」という言葉がある。拳打や蹴り等の一般的な打突法はいくらでも教えるが、歩法は教えない。何故なら、弟子に歩法を教えてしまったら、師匠は弟子の攻撃をかわせなくなってしまうから。

この言葉は中国武術の秘匿性を表すと同時に、武術の技法における核心が手先の動きではなく、足捌き……つまり、歩法にこそあるということを示している。武術の奥義を求めるのなら、決して歩法を抜きにして語ることは出来ないのだ。

そして、ここにその奥義を語るに相応しい一人の武術家がいる。岩間統正《いわまのりまさ》——実戦中国拳法として名高い太気拳（正式名称：太気至誠拳法）の創始者〝拳聖〟澤井健一宗師より直々に最高段位の七段教士を弁許され、澤井宗師をして「気が出た」と言わしめた、紛う事なき高弟中の高弟である。

岩間師範は幼少より空手を学び、十八歳で少林流空手家元《いえもと》、中摩曠師範に入門（後に、中摩師範より「私を超えた」として最高師範の称号を与えられる）。昭和四十一年（１９６６）、二十四歳の時に幼馴染でもある現・太気拳宗家 佐藤嘉道《よしみち》師範の紹介で澤井宗師と出会い、太気拳の道を歩み始める。神宮における太気拳第一期生として佐藤師範、澤井宗師の次男である澤井昭男師範、極真空手

岩間 統正

Iwama Norimasa

1945年、茨城県生まれ。中央大学法学部卒業。幼少期より武道に親しみ、中学から剣道を始め、高校では柔道部に所属。大学在学中から、太気至誠拳法（太気拳）創始者・澤井健一宗師のもとで太気拳を学び始める。宗師に「気が出た」と言わしめた唯一の太気拳拳士。ヨーロッパでも太気拳を教える。実生活では長年お茶と健康食品販売会社（駿河園）を経営する傍ら、澤井宗師より最高位の七段教士を許され、数々の他流試合をこなしながら、後進の指導に当たる。そのほか、少林流空手最高師範。囲碁は八段の腕前。

太気至誠拳法仏子研修所（岩間統正）
TEL03-5928-1086（健康ショップ『（株）百永』）

で「最強の外国人」と称されたヤン・カレンバッハ師範共々、澤井宗師によって徹底的に鍛え上げられ、その後に入門してきた太気拳第二世代の拳士達にも激しい組手を通じて指導をし、やがて太気拳における稀代の高手として、その名を馳せるようになった。

さらには中国武術界で五虎と称される五大名人の一角、自然門《しぜんもん》大師・万籟声《ばんらいせい》の高弟である謝炳鑑《しゃへいかん》老師との交流を経て、自らの太気拳をさらに深める。現在は埼玉県入間市仏子にて「太気至誠拳法仏子研修所」を主宰し、太気拳の真髄を後進の者達へ伝え続けている。

❷ 神技を求道する拳

岩間師範は「武芸は〝神技〟、すなわち完璧に相手を制することができる技法を追求するものである」と語る。そして、それが究極的には〝太気拳〟という名前である必要はないとも。

「もし武の神とでも言うべき存在がこの地上にいて、人間の姿で戦った時に最高のパフォーマンスを発揮できる術技。それが究極の武術の姿であり、そこには空手もキックボクシングも太気拳も、流派などというものは存在しません。戦いにおける最高の技術というものは流派を超え、世代を超えて不変のものであり、これを目指す事こそが武術家のロマンであり使命なのです。私の流儀を仮

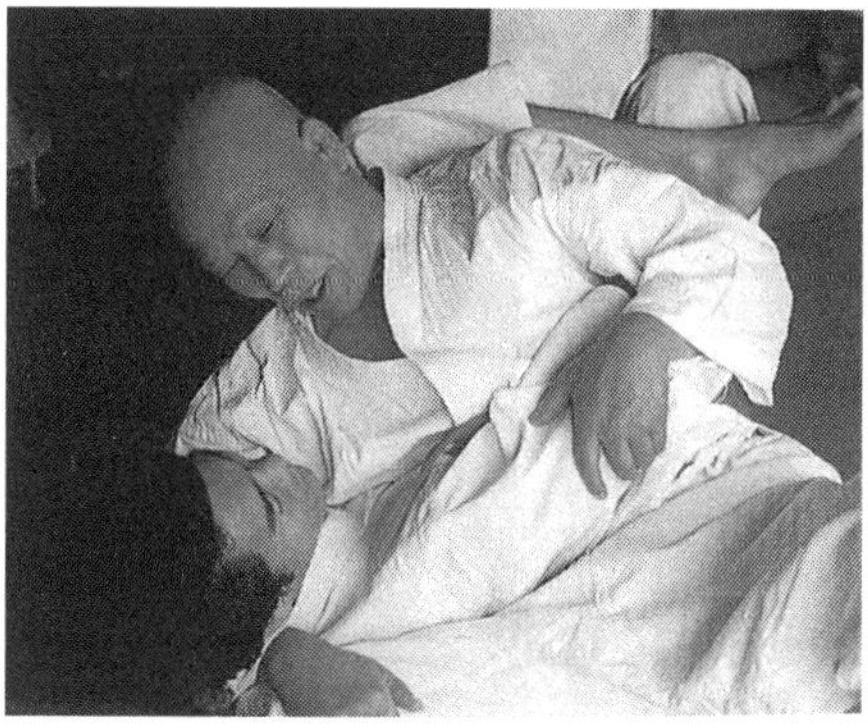

在りし日、岩間師範へ寝技をも指導する澤井宗師（右）。“武とはすべてに通じるもの”その遺伝子が受け継がれている。

おそらく本邦初公開となる澤井宗師が岩間師範へ発行した五段錬士の免許状（上）と、七段教士の許状（下）。素晴らしい達筆だが、「先生はあまりこういうものには頓着されていませんでしたからね」との岩間師範の言葉通り、五段免状には日付が無く、七段免状は昭和58年3月に一度発行された際、「七段錬士」となっていたため再度発行いただけたのだが、これも「教師七段」となってしまった。師弟ともに、大らかにして実技一筋の趣を感じさせるエピソードだ。

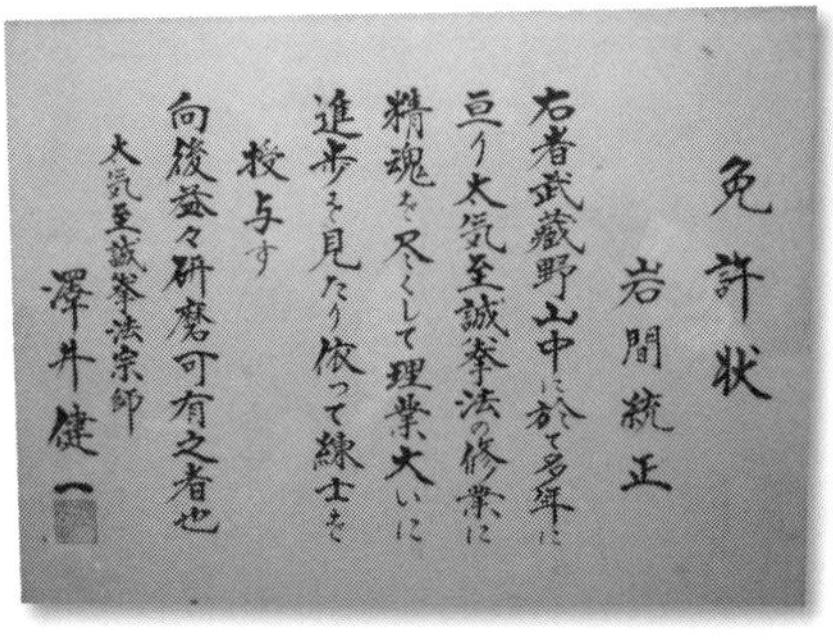

免許状
岩間統正
右者武蔵野山中に於て多年に
亘り太気至誠拳法の修業に
精魂を尽くして理業大いに
進歩を見たり依って錬士を
授与す
向後益々研磨可有之者也
太気至誠拳法宗師
澤井健一

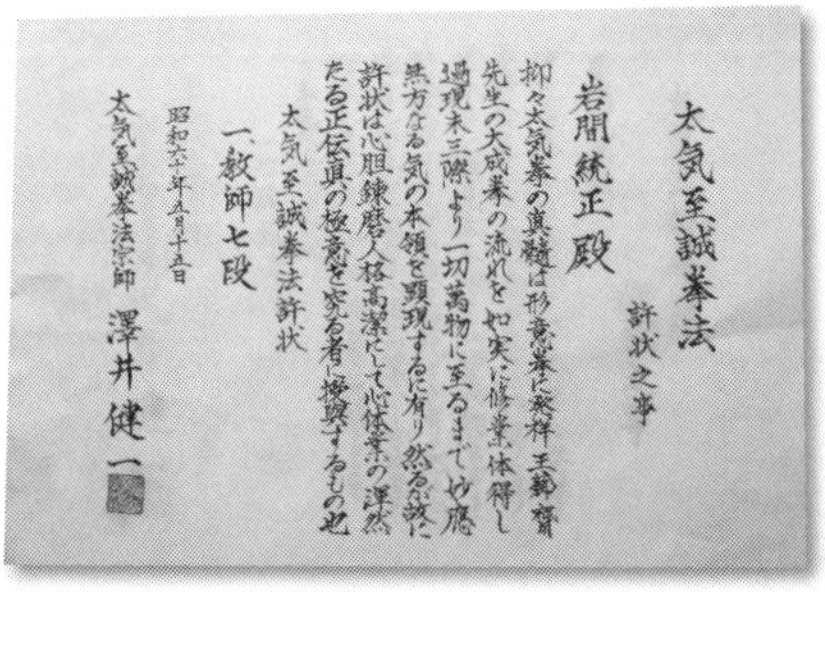

太気至誠拳法
許状之事
岩間統正殿
抑々太気拳の真髄は形意拳に於拝王薌齋
先生の大成拳の流れを如実に修業体得し
過現未三際より一切萬物に至るまで妙應
無方なる気の本領を顕現するに有り然るが故に
許状は心胆錬磨人格高潔にして心体業の渾然
たる正伝真の極意を究る者に授與するもの也
太気至誠拳法許状
一、教師七段
太気至誠拳法宗師　澤井健一

【全ての根元〝動く禅〟「這」】

太気拳の歩法といえば、最も根元的なものとして「這（はい）」をあげないわけにはいかない。最も根本となる立禅（①）がそのまま動き出した趣をもつ這は、太気拳が闘う際の基本姿勢であり、全ての歩法は這の歩幅に帰着していく。写真の姿勢でゆっくりとジグザグに歩を進める這で、まず重心移動の基礎を構築する。「中国では5メートルを40分で、とも言われますが、通常20〜30分程度。でも、時間ではなく、後足の負荷がしっかり前足のふくらはぎに乗ることが大事です」（岩間師範）。

❶

❷

❸

❹

❺

【王薌齋の平行歩法】

❶

❷

❸

❹

「這で沈めた気をそのままに、相手の的を小さくするように低く構え、手と足（フットワーク）と身法が一体となって歩幅狭く平行に前後する。王薌齋先生が開発したこの動きが、私が知る限りで最も合理的な歩法です」と語る岩間師範。太気拳では基本的に、練（ねり）において全てこの歩法が使われ、最も自然な形で素早く、足捌きと手捌きにともなう身法が連動する一体感を養っていく。

【上下一貫した攻防体勢】

前出の平行歩法における両手を回す錬法は代表的な練の一つだが、最も無駄な時間を省いて瞬時に前後自在に変化できる上、懐も深い。これにより上段への突きはもちろん（①〜④）、胴体への蹴りであってもやや身法のしなりを利かせるのみで（⑤〜⑦）、ほぼ同じ体捌きをもって対処することができる。例えばタックルなどでも容易に上から潰せるような、立体的な捌きへとつながるのが、この王薌齋の歩法なのだ。

❺

❻

❼

【組手における「ミズスマシ」歩法】

❶

❷

❸

❹

手足の届かない相対間合から、互いに攻撃できる絶対間合へ入る際、相手の両手をこちらの両手で制しつつ瞬間的に間合を詰める、この時の歩法を岩間師範は「ミズスマシが水面を滑らかに滑るようにスッと一気に詰めます」という（①〜④）。大事なのは必ず両手は相手の両手に接触させていること。この『瞬間推手』に持ち込むことで、相手を自らの最も得意とする（勿論その前提あっての戦術）土俵へあげてしまう。仮に相手の体格が各段に勝っていても、⑤〜⑧のように下からかち上げるように入るが、この時、さらに一歩踏み込んで相手を弾き崩す。

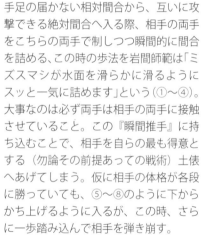

❺

❻

❼

❽

に名付けるとしたら、〝神技拳〟とでもいうのでしょうか。正確には〝神技〟を〝求道〟する拳です。武術家が求めるのは常に完璧な技、〝神技〟でなければいけません」

かつて澤井宗師は「名人の上に超人、超人の上に神人がいる」と語った。神人とは文字通り〝神技〟を極めた達人であり、澤井宗師が神人と認めた武術家は唯一人、己の師である王薌齋《おうこうさい》のみであった。そして、この話に感動した岩間師範は「私は澤井先生を目指しません。昭和の王薌齋を目指します」と言ったという。一見すると師に対して無礼のように聞こえる言葉だが、岩間師範の武に対する真摯な想いを澤井宗師は快く汲みとったに違いない。

最高師範である少林流空手をはじめ、極真空手、ボクシング、柔道、相撲、等々……岩間師範がその身を持って交流、対戦してきた流儀は数知れない。特に自然門の鬼才、謝炳鑑老師との交流組手では太気拳の防御の想定を超えた驚異的な蹴法を目の当たりにし、それに対抗し打ち破るための方法を相当に研究したという。また、自然門の豹《ひょう》のように靭《しな》やかな身法《しんぽう》を取り入れ、自身の太気拳をさらに進化させていった。かつて王薌齋が中国全土を武者修行して回り、数多の流派の長所を集大成して意拳（大成拳）を創始したように、岩間師範もまた流派の垣根を超えて〝神技〟に至るための道をひたすらに探求し続けてきたのだ。

❸ 戦機を見極める兵法

数多の実戦を通じ、岩間師範は「他流試合の鍵は〝戦機〟にあり」と喝破する。対ボクシングならステップしてパンチを打ち込んでくる瞬間、対柔道なら崩しを掛けてくる瞬間、対グレイシー柔術ならタックルを仕掛けてくるまさにその瞬間が勝負の分かれ目となる戦機であり、その一瞬の戦機を捉えられるか否かが己の生死を左右する事になる。相手の土俵に持ち込まれたら勝ち目はない。いかなる者を相手にしても盤石の強さを以って応じられる不敗の境地を目指すためには、技術の修得はもちろんだが、同時に他流の研究、そしてそれを制するための兵法が必要になってくる。

「人間と人間が戦うという事は、個人と個人の戦争なのです。互いの生存を賭けた戦いで勝利するためには、まず兵法が必要です。完全に相手を制する事のできる合理的な兵法。それを口で語るだけでなく、体で表し、実際に示す事ができてこそ初めて神技だと言う事ができます。そして、兵法を体現するための〝最大効率の練習法〟が武道の稽古でなければいけない。そのためには、能率の悪い偏った稽古に費やす時間はないんです」

いかなる名人上手であれ、人間である以上、当然ながら武術家として生きられる時間は決まって

【追い詰めるツーステップ歩法】

相手が素早く下がって逃げた場合、大股で追いすがるとつんのめるリスクが高く、カウンターも取られやすい。

そんな時に有効なのが前出のツーステップ歩法。ミズスマシのように上下動無くスッと一歩を踏み出したところから直ぐに後足の押しで一歩を加えて直ぐに後足を寄せる（①〜④）。これを特に相手を追う場合にはジグザグに展開しつつ間を詰めていくことで、相手は文字通り追い詰められてしまう（⑤〜⑧）。歩幅を常に狭くすることで、一定のリズムに陥ることなく常に変化できる状態を保ちながら、斜め走で幅広く相手を追うことができる。

❶

❷

❸

❹

4

5

6

7

8

おり、一生の内で武術を学び、功を練る事ができる時間には限りがある。故に、非効率的な練習で時を浪費していたら、神技に達する事など到底不可能なのは言うまでもない。岩間師範は「私の練習には一つの動作も無駄はない」と自信を持って断言する。長年の実戦と研鑽を経て淘汰、洗練されてきた合理的な技術体系が、岩間師範の中には既に構築されているのだ。

❹ 身体と連なる歩法

「武術において歩法は確かに重要なものですが、戦いに勝つための最高の足捌きは何かを追求した時、歩法だけを切り離して考えるのは意味がありません。身法と手の利《き》き、瞬間推手、空間を見切る感性、この四つと相まって戦いの中で必然的に生まれる、ギリギリ最小限の足捌き。それこそが理想の歩法であるべきです」

手がオーケストラの指揮者のタクトならば、足は演奏楽団。歩法とは、常に手や身法と連なった合理的かつ自然な足の運びであり、手に圧力が掛かった瞬間、身体の動きと共に無意識に変化し、戦いにおける最適な位置へと己を導くものでなければならない。

「相対間合いから絶対間合い、互いの射程距離へ、ミズスマシが水面を滑るように上下の振動もなく最短距離でスッと飛び込みます。この時、必ず相手の手を制しながら入っていく。その後、瞬間推手へと繋げて料理します」

『瞬間推手』とは相手の手と自分の手が触れた一瞬のうちに、相手の力の方向や重心の位置を手の触覚で読み取って崩す瞬間の妙技であり、相手が自分よりはるかに大きい場合には、腕の外側を用いて跳ね上げるようにして相手の両手を制する。腕の内から外へ発する力は、内側へ向かう力の三倍は強い。さらに一歩目で相手が逃げたら、続く二歩目で追撃する。逃げる相手を追うための歩法として岩間師範がもう一つ見せてくださったのが、ジグザグの歩法だった。

「相手を追う時に大股で詰めていくと、前につんのめったりして逆を取られる（反撃される）ので一番ダメです。最も安定した這《はい》の姿勢で、短いスタンスでジグザグに追っていく。この歩法ならば相手が左右に変化しても、それに追いついてゆく事ができます」

ジグザグといってもあまり規則的になると動きが縛られてしまうので、手を主導にして大蛇がうねるように歩く歩法も合わせて練る。また、太気拳の歩法は全て『這』が元になっている。

「這は立禅ともオーバーラップする〝動く禅〟です。気を下に沈めて長期戦におけるスタミナを養うと同時に、相手から見た自らの的を最小限にし、制空圏の形成と全身の連動を可能にした最もバランスのいい理想的な構えを身体に覚え込ませる稽古です」

【大きく練習し、実践で工夫を】

太気拳では相手と触れるところ全てを打拳するが、それでも最も代表的なのはやはり拳。この一撃にいかに効率よく体重を乗せることができるかが修練の要となるが、一方で〝人体は中心から外側へ広がる力の方が外から内よりも 3 倍の威力がある〟など人体の構造上の特性を活かしつつ、それらをいかに「ここゾ！」というところで発揮できるか、その「タイミングと状況の見極めが最も大切」と岩間師範。①〜④は剣道の面打ちに等しく遠間から一気に体ごと飛び込んで突き上げる太気拳独特の打拳の一つだが、よっぽどの奇襲ならばともかく、ある程度以上の相手にそのまま使うことは難しい。「澤井先生も『相手の首がもげるように飛び込め』と教えましたが、そこには工夫が必要なんです。例えば相手の死角から一気に両手を制した反動で体ごと突き上げる（⑤〜⑧）。技は大きく練習しても、実際には小さく使う。接触した瞬間の体勢取りが勝負なのです」（岩間師範）。

5
6
7
8

岩間師範の動きは、いついかなる時も全て這の形になっており、底知れない鍛錬の深さを窺わせる。『歩法』は歩法だけを練るのではなく、立禅・這・練《ねり》などあらゆる要素を満遍なく稽古しなければその真価を発揮する事はできないのだ。

5 打拳を補完する間の詰め

そして、打拳において歩法の果たす役割を、王薌齋の師にして「半歩崩拳遍《あまね》く天下を打つ」と謳われた形意拳の達人、郭雲深《かくうんしん》の絶技を例に、岩間師範に教示して頂いた。

「郭雲深の打撃の威力について、最後の打つ事ばかりに目が行きがちですが、その前段階である相手と自分の手が触れ合う状態をいかにして作り出すかに、技を成功させる最大の秘訣があります。相手が誰であろうと、百発百中で罠に嵌めるにはどうすればいいいか？そのためには歩法が重要になります。構えている相手に対して瞬間的に近づき、間合いを潰して〝まな板に乗せる〟。今や伝説となっている郭雲深の〝魔の手〟は、歩法と連動して初めて成立する絶技なのです」

鰻をまな板に乗せて目打ち釘を打つように、いつでも止めをさせる体勢を作る事こそが彼我共に自由に動き回る実戦の中で打拳を遣うための最も大切な肝となる。無論、相手を一撃で倒すための形意拳及び太気拳に共通する独自の打撃理論は存在するが、真に重要なのは打つための体勢作りであり、止めの打拳そのものではない。打拳を完璧な技へ昇華させるため、郭雲深も相当に歩法を研究したはずだと岩間師範は言う。

他にも、大きく退がりながら相手の攻手をリサーチする〝探手探腿〟の歩法や、太気拳の代表的な打拳の技である崩拳を打ち出す際の重心移動を修正するための小刻みな歩法などを見せて頂いたが、武術において〝打つ〟事と〝歩く〟事が決して別々にはできない不可分のものであると、今一度教えられた。

⑥ 恐怖心を考慮しない技は〝絵に描いた餅

前蹴りに対する『迎手《むかえて》』は、太気拳の受けの中でもポピュラーな防御法であるが、岩間師範によれば、本当の意味でこの技法を理解している者はほとんどいないという。

「人間の恐怖心を抜きにした技は、絵に描いた餅に過ぎません。相手が強力な蹴りを持っている場合、多くの者は蹴られたくないという本能的な恐怖心から萎縮してしまい、手と身体が分離して、蹴り足を叩いてしまう」

部分的な手と足の力では圧倒的に足の方が強いため、手だけで受けてしまっては当然ながら蹴りを防ぎきる事はできない。結果として、蹴り足を叩いた両手もろとも相手に弾き飛ばされる。

「身法と間《ま》で完全に見切って、懐の深さで威力を殺す。それが本当にできる時、〝この蹴りは本来の二割〜三割程度の威力しかない〟と確信しているからこそ、恐怖心に囚われずに技が使えるのです」

恐怖で心が縛られたら技は死ぬ。武術とは、ある意味で人間の本能を克服する道だともいえる。

また、かつて岩間師範が澤井先生より蹴りに対する『差手《さして》』を教授された時、「突き指したらどうするんだ」「これは名人にしか使えない」と思ったという。しかし、相手の蹴り足そのものは見ずに、蜻蛉《とんぼ》の複眼のように全体のスクリーンの中で動きを捉えるという事に気付いてからは、一切の恐怖心なく完璧に差手が使えるようになり、今では「稽古次第で誰にでも使える技」として弟子にも指導している。

これらが歩法、身法そのほかと相俟《あいま》って訓練されるのが練である。かつて明治神宮にて、この重要な基本を新たな弟子達へ教えるように澤井宗師から促された岩間師範だったが、当時、十分にはそれを果たせなかったとも自省する。

7 澤井先生のメッセンジャーボーイ

「私が多くの武道の指導者達に言いたいのは『あなたが弟子達に教えているものは、本当にあなた自身が納得できる合理的なものなのか？ 組織の利益や流派の面子を抜きして、ただ純粋に強くなりたくて、武道をはじめた頃に戻って、自らの良心に問いかけてみてほしい』という事です。

今、多くの流派が宗教のように自分の流儀の優秀性を主張していますが、本当に理にかなった正論は国を超え、世代を超えて誰もが納得するはずです。そうでなければ一流一派の自慢話で終わってしまう」

岩間師範は今、多くの武道家が無駄な練習をし過ぎている事、そして指導的立場に立つ者達が武道を最初に志した時の純粋な気持ちを忘れ、所属する組織の利益や流派の面子ばかりにこだわり、自らの武道家としての良心を偽って生きている日本の武道界に対して警鐘を鳴らしている。

既に海外ではカレンバッハ師範を中心とする『練士会』という太気拳指導者達による相互研鑽組織が発足しており、この流れはいずれ日本にも到達するだろう。一流一派の指導者となった人間が、そこで終わることなくさらに高みを目指せる真の武道を、世界は求めているのだ。

自らを「澤井先生のメッセンジャーボーイ」だという岩間師範は、今後は長年経営してきた会社を閉め、自らの武術修行と後進の指導に専念するという。その研究成果は太気拳という流派の枠内に留まらず、武道界全体にとって大きな財産となるに違いない。数多の実戦と数十年にわたる研究・研鑽を経て、今、〝岩間太気〟は完成しつつある。

【相手を見極める〝見切り〟の歩法】

常に全方位型の実戦が視野にあった澤井宗師の太気拳。対戦する相手がまったく未知の場合、澤井宗師が探りを入れながら用いていたという歩法が次の二法であるという。いずれも後方へさがる歩法だが、①〜④は下段への攻撃などを警戒しつつ前足を大きく抜き上げて下段払いしつつ斜め後方へと捌いていく。⑤〜⑨は中心へ向かってくる攻撃を両手で払いつつ大きく跳び退るもの。「中国では『探手探腿』と呼びますが、当たらない距離で攻撃を出して、素早く引くことで相手の行動を見切るわけです」（岩間師範）。

5

6

7

8

9

【打拳の本質「鼓打ち」】

「打拳の本質を最も端的に備えていて、最も難しい突き」と岩間師範に言わしめるのが①～③の、俗に岩間師範が「鼓打ち」と称する突き技。形意拳の崩拳にも似て、脇を締めた肘を体側へ添わせて体ごと突くこの技は一見、体当たり的技法と見られがちだが、「澤井先生に注意されたのは『力を抜け』の一言。太鼓をド～ンッと打つのではなく、鼓をポンッポンッと叩く要領で、響かせるのがコツです。先生はその響きによって内臓に血豆ができ、それがガンとなって3年殺しになる、と言っていましたが……」（岩間師範）。まさに鼓を打つように瞬間の拍子を捉えて、全体重を完全に横移動させることが難しい（④～⑦）。そのコツを身に付けるため、澤井宗師は⑧～⑪のように1、2、3と連続して小刻みに歩かせる訓練をさせたという。

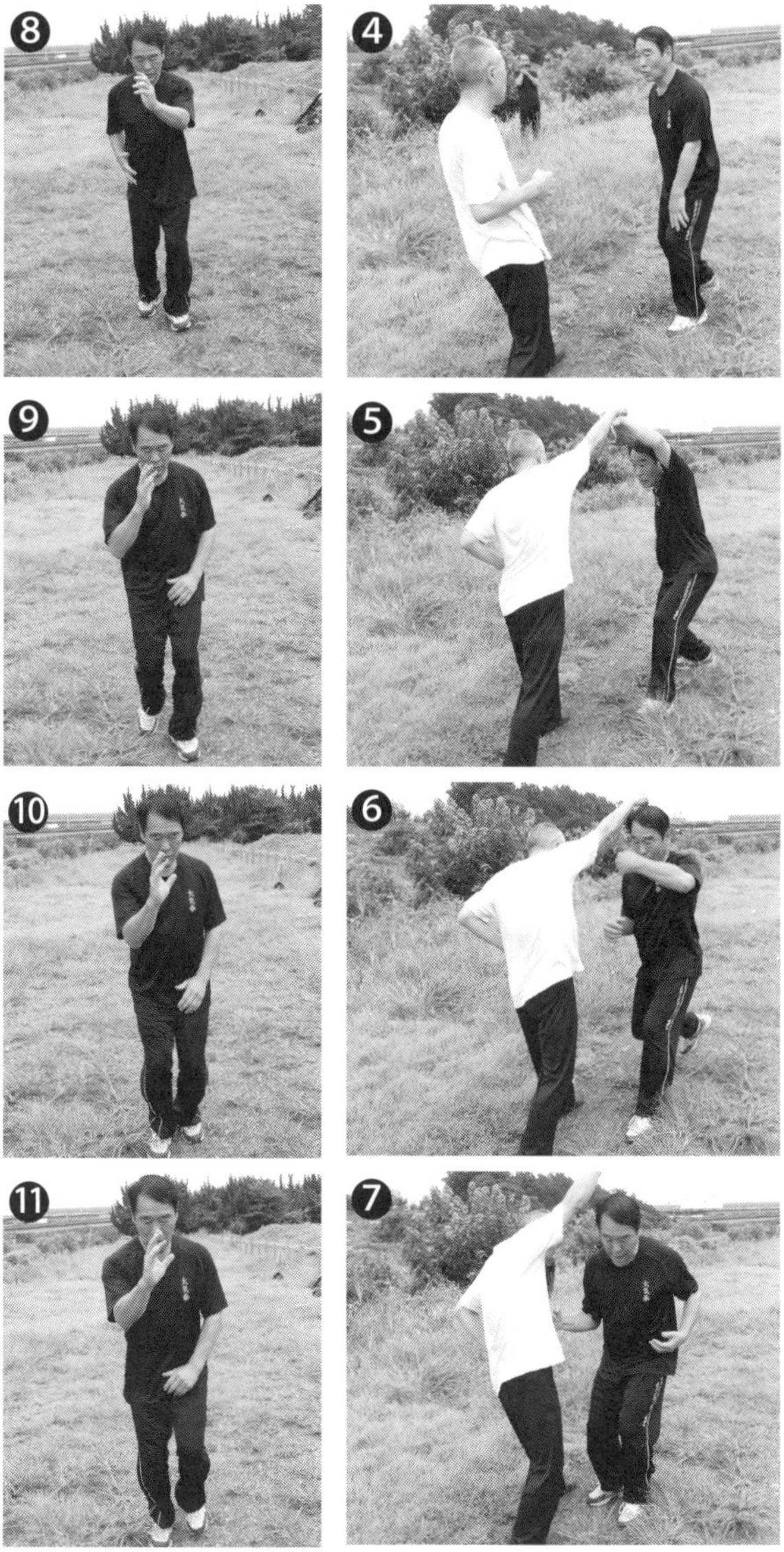

【歩法と多彩な身法の妙「練」】

「練」について岩間師範は、実は禅（立禅）においてイメージの中で様々に反応する練を中国人はやっていたが、日本人の国民性に合わせて一つの目標としてキッカケとなるように「澤井先生が自在にあらゆる変化に応じる体の機能的反応性を生むために、代表的なものを取り入れたのが『練』で、何かしらの攻防を仮定した中で捌き方を教えるものとは根本的に違うものです」という。技法的には「迎手（むかえて）」①～②と「差手（さして）」③～④の2種類が代表的なもので、通常は⑤～⑥、⑦～⑨のように平行歩法で前後しながらそれぞれの動作を繰り返し訓練する。なお、「迎手」「差手」は技というより技法概念であって、それぞれを原理とした様々な手法・身法が練られる。

5

6

7

8

9

【「地の迎手」と身法】

迎手の注意点はまず恐怖心から払い手や抑え手になってしまわないこと。手技に対してを「天の迎手」、蹴りに対してを「地の迎手（①〜③）」と呼ぶが、いずれも空気（相手の呼吸）を読んで体が瞬間的に反応するセンスを磨き、身法と連動して間と体重の乗りを一体化させる（④〜⑥）。練習はあくまで大きく、実際には複眼的目付で「さりげなく」使う。

【差手の交差法】

引き込んで流すのが迎手なら、相手の攻撃と交差することで流すのが差手。一見力を入れたくなるが、あくまで力を抜いて草に弾丸が跳ねて軌道を変える趣で。したがって、ただ手を出せば突き指の恐れもあるが（①）、瞬間に腰を落とす（胴体を引く動きとなる）身法と相俟って全身がつながった上で擦るように出すことで、かなり強力な攻撃でも軌道を逸させることができる（②～③）。

【無限の広がりをもつ「練」】

「練は〝これでなければイカン！〟というものじゃない。枝葉が分かれるように、根本原理から自分の体やセンスに合わせて、色々な工夫や、様々なものを取り入れてやるべきもの」と岩間師範。①～②、③～④はそんな一例だが、太気拳のあらゆる錬功がそこには詰まっている。

第3章

柳生新陰流の極意にして最重要の歩法「風帆の位」

柳生新陰流 ◉赤羽根龍夫 ◉赤羽根大介

❶ 歩みと軸は武術の最重要課題

文◉赤羽根龍夫

「歩み」は伝統武術にとって一番重要な問題である。五年、十年と武術の稽古をしても日本の伝統武術の歩みが分からないうちは、いくら技が上手くなっても上達の道をたどることは出来ない。有史以前から主に狩猟民族であったヨーロッパ人は、獲物を追って飛びついて捕まえる走り方・歩き方が身についた。そこから生まれたヨーロッパ軍隊の筋肉を使って足を前に蹴り出す歩き方が明治20年ごろ日本に入って来て、富国強兵の掛け声の元、小学校教育を通じて日本全国津々浦々に広まっていった。その結果、日本人の歩き方が、筋力で股《もも》を大きく上げ足を前に出す歩き方に変わってしまった。

古来農耕民族で狭い国土で長時間の重労働を必要とする農作業に携わっていた日本人は、疲れない歩き方が自然と身についていった。日本人は踵を踏む力で腰を前に出すことで自然に足が出る歩き方、つまり運歩で歩いていた。東北の農民層から生まれた日本古来の伝統武術はこの歩き方の基本の上に成立した。

ここで人類の成立から歩き方の原点に戻って考えてみよう。

赤羽根 大介

Akabane Daisuke

春風館関東支部指導員として、父 龍夫師範とともに指導。著書に『新陰流軍学「訓閲集」』『武蔵「円明流」を学ぶ』（スキージャーナル刊）、神戸金七編『柳生の芸能』（校訂）『新陰流（疋田伝）の研究』（春風館文庫）がある。DVD『分かる！出来る！柳生新陰流 全三巻』、『古武術「仙骨操法」入門』、『最強の薙刀入門』、『最強の二刀流入門』（BABジャパン）の演武を担当。尾張円明流第十七代継承者。

人間と他の動物との違いは、動物が四本足で立ち、歩くのに対して、人間だけが二本足で立ち、歩く動物であるということである。四本足動物は立っても身体は安定しているが、二本足で立つ人間は、そのままでは不安定で倒れてしまう。

そこで身体の重心線と身体の中心軸を合わせ、バランスをとることで安定を保つ。歩くためにもこの中心軸は重要である。中心軸は他の動物にはなく、人間だけにある意識である。武術にとってもこの中心軸を維持することは最重要な課題である。武術とは、自分の中心軸を動かさず相手の中心軸を崩すことであるともいえる。動物は主に運動能力だけで戦うが、人間は運動能力＋バランス力で戦うということが出来る。

赤羽根 龍夫

Akabane Tatsuo

名古屋・春風館道場にて柳生新陰流、円明流、尾張貫流槍術を学ぶ。現在は春風館関東支部長として鎌倉・横須賀・横浜で「新陰流・円明流稽古会」を主宰し、指導に当たっている。著書に『柳生新陰流を学ぶ』『武蔵「円明流」を学ぶ』（スキージャーナル刊）、『宮本武蔵を哲学する』（南窓社）、『武蔵と柳生新陰流』（集英社）、『古武術「仙骨操法」のススメ』、『武蔵"無敗"の技法』、DVD『分かる！出来る！柳生新陰流 全三巻』、『古武術「仙骨操法」入門』、『最強の薙刀入門』、『最強の二刀流入門』（BAB ジャパン）などがある。

新陰流・円明流稽古会（赤羽根龍夫）
TEL ◉ 090-1665-2980
http://blog.livedoor.jp/shinkage_keiko/

❷ 新陰流の最高極意「西江水」

この立つだけでは転んでしまうということは、新陰流の最高の極意である「西江水《せいごうすい》」と深く関わっている。西江は中国にある大河である。「西江水」の教えは、一般には西江の水を飲み干すほどに腹の力を持つことで心の自由自在性を得るといったような解釈がなされている。

柳生十兵衛の『月の抄』の「西江水の事」の冒頭に「父云く、心をおさむる所、腰より下と心得るべし。これ専一（最重要課題）とす」とあるが、この心を修めた腹は新陰流では「神妙剣の座」と云われている。

西江水の習いは柳生宗厳《むねよし》が身体や足が不自由になった老年の冬の寒い日、外にある雪隠《せっちん》（便所）に行こうとして、凍った水の上で滑って倒れそうになったとき、とっさに「尻《けつ》をすぼめる」ことで倒れず踏みとどまったという。十兵衛は西江水の習いに亡父（宗厳）と老父（宗矩《むねのり》）の違いがあるという。宗厳は「尻をすぼめる」、父・宗矩は「尻を張る」と表現したという。すぼめたり張ったりすることのできる尻は仙骨であると思われる。氷の上で滑った瞬間、仙骨を張り、尻の穴をすぼめることで重心を落して転ばない安定を得ることが出来たのである。

尾張藩の武術の歴史や逸話を記した尾張藩士・近松茂矩の『昔咄《むかしばなし》』（元文3年）には、柳生家ではこの極意である「西江水」の秘事を、同じように歩法を重視する金春流の「一足一言という大事」の秘伝と交換したとある。「歩法」は武術のみならず能学・舞踊・茶道など日本の芸能にとって重要な課題である。一般に「すり足」と云われるが、完全に擦るのではなく、足の裏を地面と水平にして、あまり上げないで歩く。初心のうちに擦って歩くと、ぎこちないピノキオ歩きになる。

③ 伝書と口伝に観る歩みのコツ

次に、柳生新陰流の歩き方のコツとその武術性について伝書や口伝を基に述べてみよう。

新陰流を創始した上泉伊勢守信綱の『影目録』（永禄9年に柳生石舟斎宗厳に与えた）は「敵に随《したが》う」と「懸待表裏《けんたいひょうり》」という新陰流の哲学を述べた文書であるが、技を使う上での最重要文書は宗厳の『截相口伝書《きりあいくでんしょ》』である。その冒頭で宗厳は武術的身体を問題にしている。

第一、身を一重になすべき事（敵に対して足を前後に開くことで一重身の安定した構えとなる）

第二、敵の拳、吾が肩にくらぶべき事（敵の太刀筋を前の肩で見分ける）

帆に風を受けて進む舟のごとく

【風帆の位】

踵をあまり上げず、帆に風を受けて進む舟の如く歩む(①〜④)。踵をすって歩くことで、身体の重心の位置が変わらないでスラスラ歩ける。踵すり足で重要なのは腰(仙骨)を立てて歩く事であり、それによって大腰筋が働く。つま先を上げて足を運ぶ方法が厳周伝新陰流の特徴である。

❹
❸

柳生新陰流の踵の定義

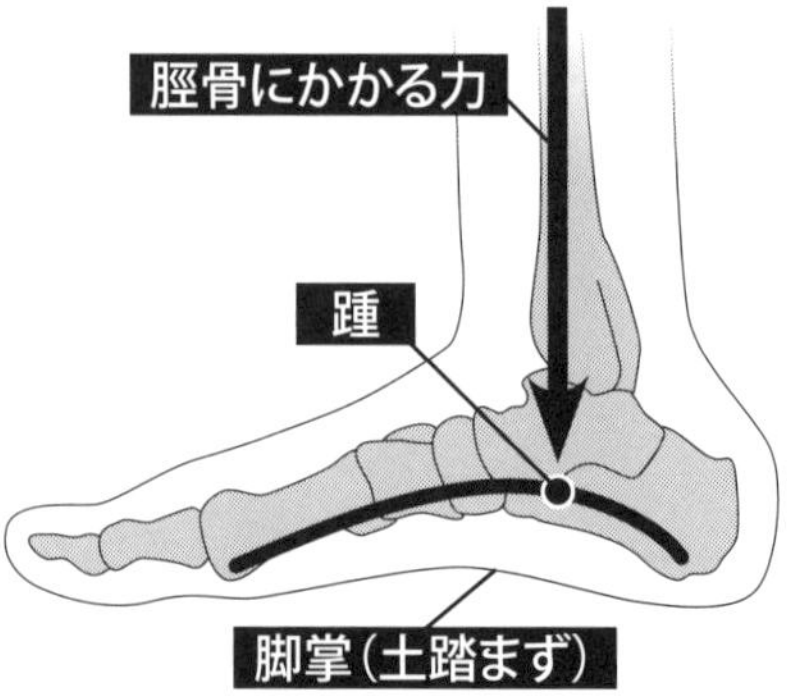

柳生新陰流における踵とは、一般的にいわれる踵の前の部分と、脚掌の後ろの部分が合わさり、脛骨にかかる力を垂直に受ける部分を指す。

柳生新陰流の教伝書『刀法録』に記されている〝風帆の位〟を示す挿絵。

大腰筋と「長い足

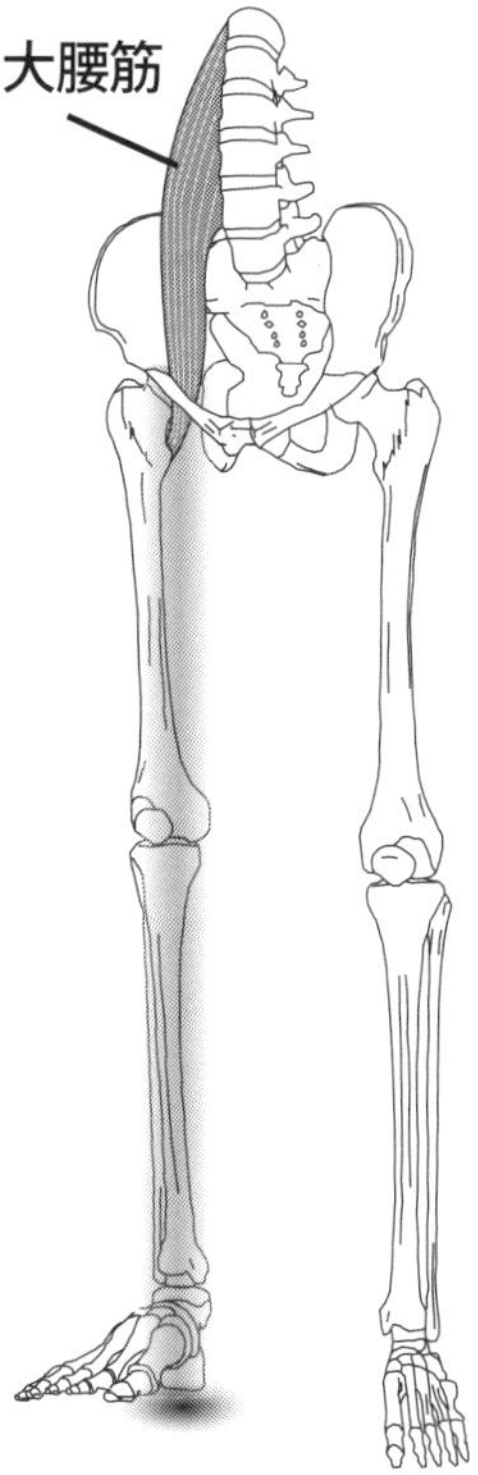

大腰筋は姿勢筋とも言われ、仙骨と連動している。腰椎から出ている「長い足」で歩くことで、大腰筋が鍛えられる。

仙骨は歩みの要

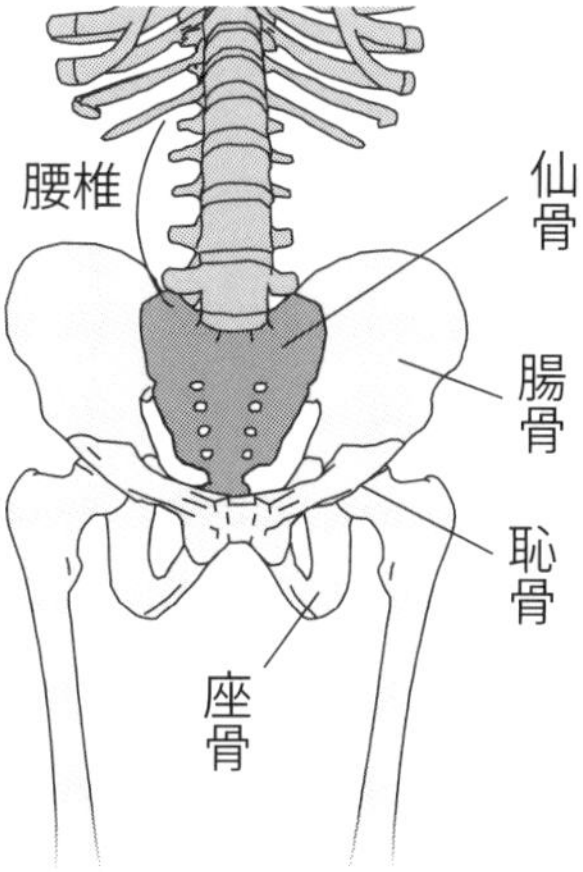

上半身の背骨と下半身の両足骨は、仙骨によって結びつけられている。

第三、身を沈にして吾が拳を盾にして下げざる事（太刀中に身を蔵す）
第四、身をかかり先の膝に身を持たせ、後のエビラ（腰）を屈めざる事（前後の足の踵を踏む）

この「五箇《ごか》の身の習い」で、宗厳は冒頭で武術にとって初めに重要な立ち方について触れている（「第五、左肘を伸ばす事」は今回扱わない）。足を前後に開き前の膝に身を持たせるが、後ろの腰を開くと踵に力が入る。この一重身が前後左右に動ける武術的な立ち方である。両足の左右の幅は拳一つ開く。この幅は前後左右斜め如何様に動いても変えない。

宗厳当時の鎧を着た戦国時代では、「身を沈《ちん》にして」とすることでより安定した身体になる。江戸時代になると、宗矩と利厳《としよし》では「身を沈にして」は省かれる。

次に安定して立った身体で如何に動くか、歩き方が問題となる。『截相口伝書』に「間の拍子・歩みの事」という項目がある。本来口伝書は秘密が漏れないように内容は書かれず、「あなたにはこういう項目を与えた。内容は口伝による」とした。しかし、この口伝の内容が柳生十兵衛の研究書『月の抄』の「間の拍子、歩みの事」の項に書かれている。

歩みは不断歩く心持なり。何心もなく、ろく（真直ぐ）に静かなる事よしと宗厳公仰せられしと語

もあり。……不断あるく歩みは、拍子にあらずして拍子なり。……拍子がちがえば、けつまずくなり。なき所間の拍子、不断の歩みなり。ここぞという時は、不断のようにあゆまれぬなり。心がはたらかぬゆえと知るべし。

『月の抄』の一つ前の項目は「歩みの事」となっている。

歩みは、はずみてかろき心持なり。一あしの心持専なり。千里の行《こう》も一歩よりおこると云々。また云く、他流にからす左足、ねり足などと云うは、後の足を寄せ、先の足を早く延べんがためなり。惣別歩みはこまかにして、とどまらぬ心持専なり。

以上に見るように、新陰流の戦いの場での歩みは不断（普段）歩く歩みであるが、ここぞという時には普段のように歩めないでつまずくこともある。そこで心を働かすことは「はずみて軽い歩み」で、「一足の心持」で足幅狭く、「こまかにして、とどまらない心持で歩く」ことが専（肝要）であると云っている。

具体的にはどう歩いたらよいのであろうか。尾張柳生の祖・柳生利厳の三男・尾張の麒麟児と云

中心軸を切り下ろす

【合《がっ》し打《うち》】

中心軸は歩くために重要であり、武術とは自分の中心軸を動かさず相手の中心軸を崩すことともいえる。「合し打」は、まさにこの中心軸の強さが肝となる技法だ。打太刀（右）が雷刀（上段）に取り上げ、真っ向から頭を打ってくる。車（しゃ）に構えた使太刀はギリギリまで待ち、太刀を右肩脇で真っ向に取り上げ、右足の踵を踏んで左足を前に踏み込み、中心軸を切り下ろし、合し打に勝つ（①〜③）

3

右の軸を通る太刀筋

【斬釘《ざんてい》の打ち】

身体の中心をまっすぐ打たないで右足通りの線を打つことを「斬釘の打ち」と呼ぶ。これは右に壁を作り相手の太刀が働かないようにしている（①〜⑥）。次ページの図のように人間の歩行は左右二軸を基本としており、「斬釘の打ち」は右の軸を通る太刀筋となる。また、柳生新陰流の基本である「三学円の太刀」の一本目「一刀両段」には先出の「合し打」が、二本目「斬釘截鉄」には「斬釘の打ち」が見られる。このことからも、柳生新陰流が初学のうちから軸を大事にしていることが伺える。

人間は二軸で歩く

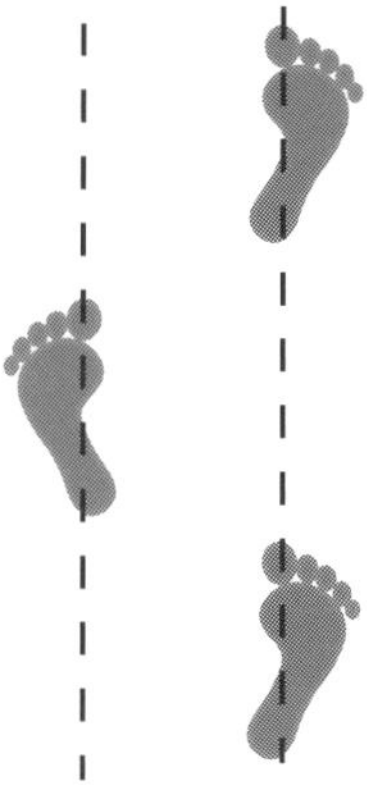

われた柳生連也《れんや》の『新陰流兵法目録』では、この『截相口伝書』の「間拍子、歩みの事」の項目について十三歳の連也が父・利厳から聞いた口伝が書かれている。

とつとつと歩むなり、無刀の歩みなり、厳（利厳）曰くなり。昔はとつとつ、今はべたべた

この「とつとつ」「べたべた」について、連也の『新陰流兵法口伝書』を写した尾張柳生家の補佐役・長岡房成は自分の考えを次のように書き入れている。

「とつとつ」は「沈なる身」すなわち鎧を着た戦国時代の歩き方で「敵の拍子を窺いとつとつと拍子を取ってあるく」歩みであるが、それは昔（戦国時代）の歩みで、「今はべたべた」の歩きがよく、この「べたべた」について房成は「今の人の曰くスラスラと進み出ると云うと同じ」と註している。

房成は宗厳の時代の沈なる身の「五箇の身の習い」に対して鎧を着ない「直立《つったつ》たる身」の在り方である「中庸五箇の身」をあげ、そこで江戸時代の歩みかたを「足を臍下《せいか》（へその下）より遣い、脚掌《きゃくしょう》（足心・土踏まず）をもって踏む、即ち平常の歩みなり」と記している。

脚掌、つまり土踏まずで踏むとは、踵をあまり上げないで擦るように軽くスラスラと歩むということである。踵と云っても踵の後ろの部分ではなく、踵の前の部分と脚掌の後ろの部分が合わさる部分である。

このスラスラとした歩みについて、江戸武士の柳生新陰流である柳生厳周伝を春風館に伝えた神《かん》戸《べ》金七《かねしち》は踵に注目して、「この流儀は踵が上がったら絶対だめだ。踵が上がらない稽古をしなさい」と常に注意を促したと云う。その教えをそのまま伝える春風館・加藤伊三男《いさお》現館長も稽古で常に次のように話される。

「退がるときも出るときも踵を上げないように、特に切り込むときは踵から出る。切り込むときにつま先から出て踵を下ろしてから出ては遅い。どんなときも踵から出る」

足の裏を地面からあまり離さずに進み、打ち込む瞬間、踵を強く踏んで出るのである。踵をあまり上げないスラスラ歩く歩き方を、柳生新陰流では「風帆《ふうはん》の位《くらい》」として定式化している。

4 帆に風を受けて進む舟の如く

現代において、柳生新陰流を稽古するものにとって一番重要な教えは「風帆の位」である。房成『刀法録』に次のようにある。

風帆の位　付り、弓腰の位
瑞公（尾張藩二代藩主・徳川光友）の御工夫なり。これは進むとき帆に風を受けて進む如く、少しもたるみゆるむ処なくスラスラと歩むこと。弓腰とは腰に力をとること。

この場合の腰とは腰椎ではなく仙骨である。『昔咄』に光友の言葉が挙げられている。

横須賀（名古屋近郊の港）にて帆へ十分に風をふくみて走る舟を御覧ありて、兵法の壇風の位（風帆の位）はあれじゃ、あれ見てよく悟れと御意ありし

現代身体論的に説明してみよう。踵をすって歩くことで、身体の重心の位置が変わらないでスラスラ歩くことが出来る。つま先と踵を上げ下げしながら歩く現代風の歩き方では、重心が上下することになり身体に隙が生まれることになる。

踵すり足で重要なのは腰（仙骨）を立てて歩くことであり、それによって深層筋である大腰筋が働く。大腰筋は姿勢筋とも言われ、上半身と下半身を結びつける唯一の筋肉であり、上半身の背骨と下半身の両足骨を結びつける仙骨と連動している。また、大腰筋は老化防止の筋肉ともいわれている。

常に腰（仙骨）を立て、大腰筋がついている背骨の腰椎から「長い足」が出ているようにイメージし、それで歩くようにすれば、結果として大腰筋を鍛えていることになる。踵すり足は、武術においても健康の面からも日本人に最適な「歩法」なのである。

第3部

瞬時に間を詰める「縮地法」の解明

第4章

離隔より撃ち抜く武道空手の追い突き

日本空手協会 ◉中 達也

❶空手における縮地の法〝追い突き〟とは？

文◉『月刊秘伝』編集部

数多ある武道・武術・格闘技の中で、最も速く、最も長い距離の移動術を持つ流儀は何か？力の強弱、技の巧拙は修行者個人によって大きく左右されるので、各流儀の歩法を比較して優劣を問うのは不可能だが、それでもあえて有力候補を挙げるなら、やはり伝統派空手であろう。伝統派空手とは、いわゆるノンコンタクトのポイント制を競技ルールの主とするスタイルの空手であり、その競技人口は世界中で約６０００万人。非常にスピーディかつ、間合の出入りが激しい試合展開を特徴とし、２０２０年の東京オリンピックの追加種目の最終候補にも選ばれている。

また近年、日本及び海外の総合格闘技で目覚ましい活躍をしている堀口恭司選手や、ＵＦＣ（米国総合格闘技）のライトヘビー級王座に輝いたリョート・マチダ選手は伝統派空手を自らのベースとしており、彼らが他の選手と闘う際、ステップワークのスピードと移動距離において、かなりの優位性を発揮している場面がよく見られる。

特に相手の攻撃範囲外の距離から一気に間合を詰め、ノーモーションで強烈な打撃をヒットさせる様は、まさに伝統派空手の面目躍如といった感だ。

中 達也

Naka Tatsuya

1964生まれ。日本空手協会総本部師範（七段）。13歳から全日本空手道連盟和道会に入門し空手を開始。高校時代は目黒高校空手道部、大学時代は拓殖大学空手道部に所属。数々の大会においてタイトルを獲得する。その後、日本空手協会の研修生（第28期卒業）となる。現在は、日本空手協会・大志塾を主宰し、後進の指導に当たっている。また、映画「黒帯」で主演を務め、「ハイキック・ガール！」「KG」にも出演。スクリーンの中で本物の空手の技を披露してみせた。

日本空手協会　http://www.jka.or.jp
大志塾　http://www.jka-taishi.com

空手の縮地“追い突き”

数メートルはあろうかという間合いを、一瞬で詰めて拳を打ち込む中達也師範の「追い突き」は、まさに空手の『縮地』と呼ぶに相応しい。

そんな伝統派空手において、最長の射程距離を持つ突き技が〝追い突き〟である。後ろ足を大きく前方に踏み出して左右の構えを入れ替えながら、前足と同じ側の手の拳で真っ直ぐに突く。他の打撃武道・格闘技にはあまり見られない突き技だが、追い突きそのものは秘伝でもなんでもなく、入門したら誰でもすぐに習う、基本の一つである。

しかし、基本にこそ極意が込められているのが、古今東西の武術の共通点。伝統派空手をやっていれば誰もが知っている基本技の追い突きが、長年の修練で磨き上げられた時、一体どれほどの威力を持つのか——。世界初の本格空手映画とも称される『黒帯 KURO-OBI』(原作:西 冬彦)を通し、追い突きが秘める真の凄味を、広く世に示した空手家がいる。それが本章にてご登場頂く、中達也師範である。

中師範が所属する日本空手協会は、松濤館流空手開祖にして「近代空手の父」と称された船越義珍の流れを汲み、大枠のカテゴリーとしては伝統派空手に分類されるものの、単なる競技空手に留まらず、先人の遺した型の理合や身体操法を活かし、生涯道を歩み続けられる「武道空手」を標榜している。

②『黒帯 KURO-OBI』に現れた武道空手の『縮地』

『黒帯 KURO-OBI』で見せた中師範の追い突きは、数メートルはあろうかという間合を一瞬にして詰め、その突きを顔面に受けた相手は、その場で垂直に崩れ落ち、大の字で倒れた。

劇中のワンシーンとはいえ、「本物の空手家が本物の技を魅せる」ことを主旨とした映画ゆえに、当然ながらノースタント&ノーワイヤー。突き自体も本当に当てており、メイキング映像では、受け役となった同門の大隈広一郎師範（四段）が、口から血を流している姿を見ることができる。

打ち役と受け役の双方が、俳優ではなく本物の空手家同士だったからこそ実現できたこの迫力の空手アクションは、多くの観客に改めて伝統派空手の、ひいては武道空手への認識を新たにさせたが、もしその観客の中に『縮地』という言葉を知る者がいたのなら、きっとこんな風に思ったのではないだろうか。「この〝追い突き〟こそまさに、空手の『縮地』だ」と。

③現役の引退からが空手家としてのスタート

中師範は目黒高校から拓殖大学、そして日本空手協会研修生と学生時代から空手の強豪校として名高い環境で鎬を削り、そのまま協会所属のプロ空手家となった。いわば空手のエリートであり、現役時代には数々の組手の大会でタイトルを獲得し、名選手として一時代を築いた。

選手時代、中師範の追い突きは、さぞかし大会で猛威を振るったのだろう……と思いきや、中師範の現役の時の得意技は「間合の駆け引き」であり、決して追い突きではなかったという。それどころか、試合で追い突きを極めたことすらないらしい。

「選手として現役の頃、試合でも何度か追い突きを出してみましたけど、全然極まらない。全部掬かれました。追い突きはモーションが大きいから、ただ普通に打っていっても、相手からすれば見え易いんですね」

ならば、あの『縮地』としか言いようのない電光石火の追い突きは、いつ、どうやって身につけたのか？

「現在のような追い突きができるようになったのは、現役を引退してからです。選手としての生活にピリオドを打ってから、本当の武道としての空手を探究できるようになりました。

西洋的なスポーツ運動とは全く違う、日本武道独自の身体の遣い方。それを教えてくれたのは、現役時代は大嫌いだった「型」なんです」

映画『ハイキック・ガール！』で、今や日本を代表するアクション女優となった武田梨奈と共演し、「型」を使った見事な空手アクションを披露した中師範が、その実、ずっと「型」が大嫌いだったというのは意外に思える。

しかし、現在の空手界でも「型」と「組手」は別物とする風潮は依然として存在し、バリバリの組手選手だった当時の中師範に、「型」の奥深さに目を向ける余裕もなければ意味も見い出せなかったのは当然なのかもしれない。

「私自身、本当に型の面白さがわかってきたのは40代頃になってからです。選手時代は、どうしても試合を中心にしたパワー&スピード重視の考えを捨てることは難しかった。

でも、次第に年齢からくる体力の衰えを感じてきて、それでも空手家として向上していくための方法を探した結果、辿り着いたのが『型』だったんです。

『型』の奥深さが理解できると空手への取り組み方そのものが、全く違ったものになっていくんです。だから今では、毎日の稽古が楽しくて仕方が無いんですよ。今日は一体どんな新しいことが発見できるのかなって。今の私の方が、現役時代よりもずっと速く、強くなっていますよ」

中師範にとっては、現役の引退からが本当の意味での空手家としてのスタートだったのだろう。現在既に50歳を超えている中師範だが、いまだにその空手は進化を続けている。

④ いくつもの要訣の統合が追い突きを『縮地』に昇華する

中師範の『縮地』的な追い突きは、松濤館流空手の『型』の稽古を通じて中師範が見出した、様々な武術的身体操法を複合することによって体現されている。

「例えば、『鉄騎初段』の中にある横移動を正面を向いて行えば、そのまま最短最速の追い突きの動きになります。他にも初心者向けの型といわれている『太極』にも中心に力を集中させるための重要な足の運び方が含まれていますし、『平安二段』の裏拳打ちの際の後ろ足の引きつけは、追い突きに応用すればさらに突き手を伸ばして、射程距離を上乗せすることができたりするんです」

加えて重要なのが、地面を蹴って前にでないことだという。地面を蹴らずに長距離を一気に移動するなど、不可能な話にも思えるかもしれないが、実際に中師範の動きを見ると、まるで地面を滑るように高速移動し、脚力で飛び跳ねている感じは全くしない。

「地面を蹴らずに動く為には、地面からの反発力に代わる原動力が必要です。それを作り出すのが『不安定』です。安定した状態は一見理想的に思えるかも知れませんが、それは居着いた状態であり、次の動きを生み出すことはできません。『鉄騎初段』の中にある『波返し』の動作が不安定を制御し、自らの原動力に転換する身体の遣い方を示しています」

前に出たいなら、脚の筋力で地を蹴って動くのではなく、前方に倒れこむようにして生まれる不安定を推進力にして進む。

他にも中師範による追い突きの要訣をまとめると以下のようになる。

①無駄な回転がない三軸の確立
②一調子で行う左右の身の転換
③順体による長距離の踏み込み
④踵重心が造る強固で伸びる突き手
⑤『鉄騎初段』の最短直線の足運び
⑥『太極』の中心への力の集中
⑦『平安四段』の後ろ足の引きつけ
⑧中丹田の操作による重心移動
⑨不安定が生む〝蹴らない〟推進力

これらの要訣を全て統合し、同時に体現することで、誰もが知っている基本中の基本の「追い突き」

は〝地〟を〝縮〟めるが如き、武道空手の『縮地』へと昇華される。

❺ 追い突きは本土における空手の象徴的存在

「追い突きは船越義珍先生の松濤館流の『遠距離』『直線的』『ダイナミック』といわれる特徴が最も強く顕われた代表的な技であり、同時に古流沖縄空手にはほぼ見られない、本土の空手を象徴するものだと思います」

今回、中師範が示してくださった数々の術理は、幾多の先人達の弛みない研鑽の歴史から現在という時代に繋がった、『空手』という名の大いなる武術遺産の一端なのかもしれない。

一軸と三軸

一軸の歩み

身体のセンターに一本の軸が通った一軸の動きは、一般的には正しいと思われがちだが、軸を中心に身体が回ってしまうため、動きが見え易い（①②）。

三軸の歩み

中心軸に加え、両肩あたりを貫く左右の軸が生まれると、無駄な回転が消え去り、これが追い突きの際に、相手からはまるで気配無く迫ってくるように感じられる。（①②）。

棒術で一調子を養う

棒を用いることで、追い突きの際の半身から半身の転換を一調子で行う身遣いを養うことができる（①～③）。
足→腰→肩→腕のように、連動する動きではなく、全てが一拍のタイミングで同時に動けなければいけない。

踵で変わる身体

通常の状態で、構えて突き出した拳を掌で叩かれると、あっけないほど容易に崩されてしまう（①②）。

順体と逆体の移動距離

踏み出す時、前足と同じ側の手を出した場合（順体）と逆側の手を出す（逆体）のとでは、移動距離に大きな差が生まれる。中師範曰く「駅の階段を一つ飛ばしで登る時、みんな自然と順体になりますよ」。

息を吸いながら踵を上げ（①)、次に吐きながら下ろす（②）と踵に重心が乗り、その状態で拳を突き出すと前回とは段違いの強固さを得ることができる（③)。カカトは「足」に「重」と書くように、踵に重心を置くことが正しい身体構造を生むと中師範は言う。

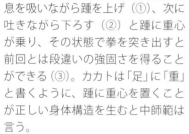

踵が突きを伸ばす

爪先から踏み込んだ場合（写真右）と踵から踏み込んだ場合（写真左）。爪先は足が突っ張るのに対し、踵の方は大腿部に身体が乗るため、突き手の伸びに大きな差が生まれる。

型にみる歩法

鉄騎

太極

平安

鉄騎初段

普及型

「鉄騎初段」の横移動の足運びは、普及型では大きく膝を上げて行う（①〜③）。この普及型の他に、より古伝に近い型を伝統型と呼ぶ。

伝統型

中師範は「鉄騎初段」の足運びを、より応用性が高くなるよう工夫して稽古する方法を考案している（①〜③）。他にも様々なバリエーションで「型」をより深める稽古を模索しているという。

鉄騎初段

直線の足遣い

「鉄騎初段」の横移動の足運びを伝統型にて横から見た図（①～③）。まるで地を滑るようにブレのない直線移動である。

追い突きへの応用

「鉄騎初段」の足運びを追い突きに応用（①〜③）。足も拳も全てが最短最速のルートを通っているのがわかる。

太極

普及型

初心者向けといわれる「太極」の型にも大きな意味がある。現在普及している形では、やや中心が空くように体の転換と追い突きが打ち出されている（①〜③）。

伝統型

伝統型では中心をしっかり閉じ、踏み込む足、打ち出す拳ともに最短距離を通る（①〜③）。自らの課題に合わせて型〝で〟稽古することが大切だと中師範は言う。

①

②

③

「平安四段」に含まれている、裏拳打ちの際に後ろ足を引きつける動作（①②）を追い突きに応用すれば、さらなる射程距離の上乗せが可能となる（③④）。

中丹田操作

丹田を下げる

意識の操作で中丹田のボールを下に移動させると、一気に身体が重くなり持ち上げることが不可能となる（①②）。

丹田を上げる

胸部の中丹田ボールを上げた状態だと、簡単に持ち上がる（①②）。

不安定が生む力

両足から結んだ二等辺三角形の頂点に向かって中丹田のボールを落とす意識を持つと(①)、前のめりに倒れるように不安定な状態が生まれ、同時にこれが推進力となり(②)、地を蹴らずとも長距離の移動が可能となる。

「鉄騎初段」に見られる「波返し」の動作は、不安定をパワーとスピードに転換する身遣いを示している。

追い突き 実戦用法

前手を制しながら入る

追い突きを実戦で用いる時は、相手の前手を制しながら一気に入ることで、カウンターと防御を封じる（①～④）。

追い突き 実戦用法

棒に対する応用技

長い棒を持った敵と相対した時（①）、リーチの差はもはや比べようもないが、先端から棒を制しつつ追い突きで入ってゆけば、瞬く間に相手の顔面に拳が到達する（③〜⑤）。まさに『縮地』である。実はこの時の足捌きは鉄騎初段の歩法と同じであり、中師範も技をやった後にこれが鉄騎だと気付いたという。

第5章

松聲館『水鳥の足』と縮地の法

半身動作研究会〈動作術の会〉――◉中島章夫

❶「縮地法」との出会い

「縮地《しゅくち》」とは本来武術の用語ではなく、中国の道教で、何百キロという距離を瞬間移動する仙術のことだということは、けっこう知られているようです。それが武術に転用され、相手との距離を一気に詰め寄る技術を「縮地法」と言うことがあります。けっして一般名称ではなく、おそらく様々な流派で一気に、あるいは気配を悟られずに相手との距離を詰める歩法技術は工夫されていて、それぞれに名称があるでしょう。

しかし本書ではそれらを総称して「縮地法」と表しているので、その一例としてわたしが松聲館《しょうせいかん》で体験してきたものを紹介し、移動法としての意味を考えてみたいと思います。

わたしが松聲館で稽古を始めたのが1979年、甲野善紀先生から「縮地法」の名を聞いたのは3年経った1982年のことです。その年、甲野先生は新体道創始者の青木宏之先生との出会いがありました。

甲野善紀先生の最初の著作である『表の体育　裏の体育』(壮神社、1986)の第二章「水鳥《みずどり》の足」の項に次の記述があります。当時の松聲館の構えについての文章です。

中島章夫

Nakjima Akio

1954年、東京都生まれ。1979年、甲野善紀師範が主宰する武術稽古研究会・松聲館に入門。1994年から2003年の稽古会解散まで、甲野師範の恵比寿公開稽古会の幹事を務める。1997年、甲野師範と共著の形で『縁の森』(合気ニュース=現・どう出版)刊行。その後、その場を引き継ぐ形で「半身感覚」を中心に据えた半身動作研究会を主宰する。2006年、田中聡氏との共著の形で『技アリの身体になる』(バジリコ刊)を出版。2008年頃より、構造動作トレーニングを提唱する中村考宏氏に触発され、さらに身体理論を推し進めるほか、システマなどの経験を生かして、現在に通じる独自の武術的な動作術を確立してきている。2014年9月から「動作術の会」として活動開始。骨盤おこしトレーナー。早大オープンカレッジ講師。

半身動作研究会◎hanmidosa@gmail.com

〝体を延べる〟縮地法の身体操作

ここでは中島師に、１９８０年代に甲野師範が武道雑誌などで示して見せた「床を滑るように体を延べる身体遣い＝縮地法」の再現をしていただいた。床を蹴って飛び込むのではなく、あくまで重心操作＝「膝の抜き（後述）」による推進力によって一気に間を詰める。ここでは打撃で表現されているが、単に距離を詰めるというよりも、〝動き出した〟と認識した瞬間にはすでに間近に来ているという、「初動を悟らせない」効果がその特徴といえるだろうか。例えば日本刀による抜き付けなど、刃物による攻撃であれば、より効果を発揮するものとなるだろう。

1

2

3

4

4

5

6

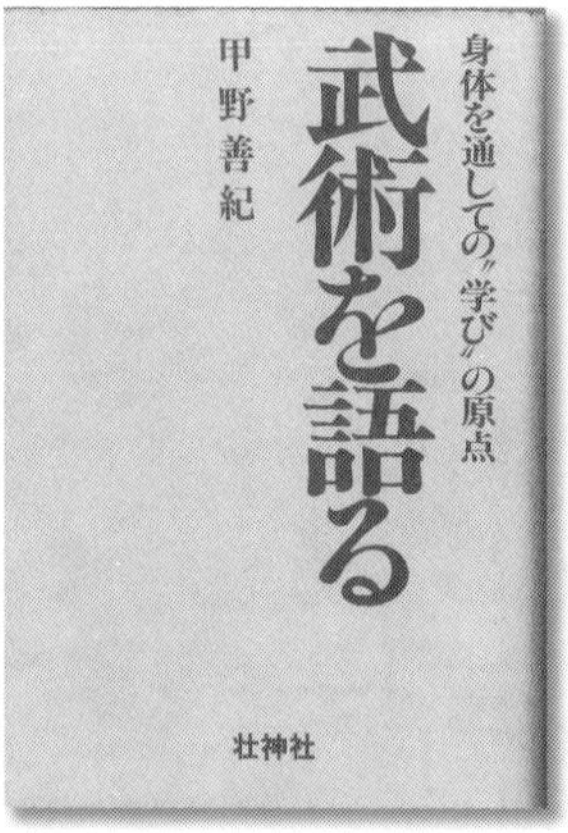

甲野師範が「縮地法」について言及した『武術を語る』初版本（1987年）。

「若干前重心に立つのは、膝をぬくことによって、気配を出さずに体を一気に延べる（これは別名〝縮地法〟とも呼ぶことを新体道創始者青木宏之氏より教示を受けた）ことができるようにするためである」

文中にあるように、それまでも甲野先生は抜刀での抜き付けや入り身などで、一気に間《ま》を詰める動きをしていました。それは床を蹴って飛び込むのではなく、滑るように移動するものでした。それを見た青木先生から、そうした動きを「縮地法」というのだと教えていただいたのです。

この時の青木先生のことばは『表の体育　裏の体育』のほぼ1年後に出版された『武術を語る』（壮神社、1987）に詳しく書かれています。やはり第二章の中の「水鳥の足」の項です。

「（前略）私が〝追突き〟をすると、普通では二メートルぐらいの動きが、五メートル以上ゆくんですね。それが自分でも不思議だったのですけれど、江上先生が笑って『青木、お前は〝縮地法〟が出来るようになったんだよ』って教えて下さったんです。これは昔から、八大通力のひとつ、とか言われていたようです」

遠方への瞬間移動ではなく、一気に間合いを詰める武術的な移動法を「縮地法」と呼ぶのは、江上先生が道教の用語を転用したものか、それとも武術界の一部でそのように呼ばれていたのかは知りませんが、このような経緯で甲野先生も一時期、説明の中で「縮地法」あるいは「縮地」と言っていたことがありました。

ただ、それは松聲館の用語として定着することはありませんでした。それなのに、武道、武術の世界に〝「縮地法」ということばを広めたのは甲野先生だ〟と言われることがあります。

それは一年と間を置かず出版された二冊の著作で活字になったことが原因だと思われます。特に新体道の青木先生の名前と「縮地法」がセットで紹介されたことも注目された大きな要因でしょう。

② 「縮地法」から「水鳥の足」へ

冒頭で述べたように本書では「相手との距離を一気に詰め寄る技術」の総称として「縮地法」といっていますが、おそらくそれがこの名称を使う大部分の人の認識だろうと思います。ですから間の詰め方にはいろいろな工夫があるでしょう。

しかし甲野先生が「縮地法」といっているものは、〝床を滑るように移動すること〟を指しています。遠間から一気に飛び込む、といった感覚ではありません。それは青木先生と縮地法について、甲野先生が特に感慨深くおっしゃっていたことに象徴されています。

甲野先生が特に印象に残ったのは、追突きの縮地ではなく、蹴り技のときの縮地だったようで、

「蹴り足を上げたまま、片足でスーッと滑っていくんだよね」

と当時よく聞かされました。現在でも甲野先生が講習会で時折見せる、蹴り足を振り子のように前方に投げ出して重心を移動させ「フワッ」といった感じで間を詰めるデモンストレーションは、そのときの青木先生の姿が元にあるのだと思います。

このように「滑るように移動していく」というのが甲野先生の縮地法のイメージです。だからこ

そ縮地法から「水鳥の足」という足捌きの技法に展開していったのです。それは引用した書籍が二冊とも、「水鳥の足」の項に「縮地法」が出てきていることでもわかります。

松聲館の代表的な技法である「水鳥の足」をご存知の方が思い浮かべるのは、両足が同時に動いて90度、あるいは180度転換する体捌きだと思います。

これは膝抜きで一瞬、からだを宙に浮かせ、その間に方向転換を行うものです。これ自体は剣の「前後斬り」での足捌きでもありますが、床を蹴らずに移動するための稽古法と捉えるのが正しいです。常に両足が同時に動いて居着きを防ぐ技法です。

1984年の「筑波大学日仏協力筑波国際シンポジウム　科学・技術と精神世界」が開催され、青木先生の推薦があって、新体道と、当時、明治神宮の至誠館で指導されていた稲葉稔《みのる》先生と共に、甲野先生も招待演武をしました。これにはわたしも受けのひとりとして参加し、貴重な体験をさせていただきました。

このとき、松聲館の代表的な技法として「水鳥の足」が紹介されました。甲野先生が「縮地法」ということばと出会って二年目、甲野先生の中ではそれが〝居着かないための技法〟として展開してきたことを象徴する出来事です。

最初に引用した『表の体育　裏の体育』で青木先生から「縮地法」の名称を教示されたという文

縮地法へと至る「水鳥の足」と「膝抜き」

80年代の松聲館において、動きの基礎となる術理としてあった「水鳥の足」。両足を同時に動かすことで動きの支点を消失させる。①～③は水鳥の足による90度の体捌き。浮き身を利用するが、床を蹴って跳び上がるのではなく、膝の力を一気に抜いた自由落下状態で、両足を同時に動かす。④～⑦は同じく180度の体捌きによる剣の斬り上げ。

4

5

6

7

章の後には、

「この、体を〝延べる〟動きの際、両足は同時に動く動きとなるが、本会の武術の技法のほとんどすべてを、この両足が同時に動く（したがって床からの支点を消す）〝水鳥の足〟においており、そのために腰はどうしても反りをとる形となるのである」

と続いています。極端な腰の反りは「井桁《いげた》術理」（1992年）以後、姿を消すのですが、その後も「水鳥の足」（殊更この名称も今は使われませんが）は、膝抜きによる浮き身と共に、現在でも甲野先生の中に生きている技法です。そして太刀取りなどの瞬時に相手の側面に移動する「縮地法」的な技法も「水鳥の足」に支えられています。

❸「膝抜き」と「縮地法」

ここから少し技術的な話をします。

甲野先生は「縮地法」のことを「身を延《の》べる」ことと同義語としています。「延べる」とは「押しつぶして平らに伸ばす」ということで、受け手に向かって、からだがキューっと伸びていくイメージです。

「水鳥の足」のメカニズム

正中線を丹田の落下する軌跡に合わせることで、前後回転などのスムースな身体操作を可能とする。
上体が落下しながら、丹田周辺に全身が集約される感覚を得る。

「膝の力を一気に抜く」と言われる「膝抜き」だが、ただ崩れ落ちているのではなく、下腹部のインナーマッスルによって一瞬、両足が引き上げられる作用が働いている。そのため、浮き上がった両足裏が落下した際の音が生じる。それは、落下しようとする丹田部に身体が瞬間的に圧縮されるようでもあり、その上下動の軌跡に上体の正中線を合わせることで、全身がまさに「一塊（ひとかたまり）」となって統御される。この重心の落下を推進力に変えるのが、「体を延べる」操作となる。

実際にはからだが元あったところから、受け手に手や剣などが届くところまで移動するわけですが、「身を延べる」ことで全身が同時に動くようにし、地面を蹴って進む要素を極小にしています。このとき重要な働きをするのが「膝抜き」です。

「膝抜き」とは膝の力を一気に抜いて上体を落下させることです。両足で立って「膝抜き」を行うと急速に上体が落下するために、足裏が一瞬浮き上がります。そのため「パタン」と落下の音がします。素早くしゃがむだけでは足裏は浮きません。

また「膝抜き」は重力方向に落下するので、中心軸をまっすぐに保つ働きもあります。

「身を延べる」場合は「膝抜き」による落下の力を、両膝ではなく前にある脚の膝を抜くことで、前方への移動へ転換するわけですが、動きが滑らかであるという以上に、動き始めの気配が出にくいため、相手は受けるタイミングをずらされ接近を許してしまいます。

❹「縮地法」と「居着き」

では、「縮地法」という重心移動を可能にするためには何が必要か、というと、それは「身の釣り合い」をとって立つということです。

甲野先生は当時（1986年）「若干前重心に立つ」と書いていますが、その後現れる「中間重心」（1996年）の概念以後、中心を保つ方向にシフトします。

それは重心移動の統御の感覚が深まったためで、中心を保つことで、より方向性が出なくなり、「膝抜き」による移動が、より突然に感じられるようになります。

また「中間重心」だと足先の出る方向に移動できる利点があります。

そのため、取《とり》が入身のように「縮地法」を使った場合、受《うけ》は〝正面に向かって来ると思った敵が突然消え、気がついたときは側面や背後にいた〟という状態になります。

つまり〝移動の過程が把握できない〟という現象が生まれるのです。その間、受は居着いてしまう（居着かされてしまう）ことになります。予測していた動きと全く違う動きをされると、判断が遅れて動きが止まってしまう、というより、判断するために動きを止めてしまうと言ってもいいかもしれません。

この地面を蹴らない突然の動き出しによって相手を居着かせてしまうことそのものが、「縮地法」が成立する条件なのかもしれません。だからこそ正面からの突きへの払いが間に合わない、という現象も起きてくるのでしょう。

❺「縮地法」と姿勢のコントロール

「中間重心」で膝抜きをした場合、足先が向いた方向だけでなく、手や肘が動いた方向にも移動します。それを使えば、たとえば「太刀取り（無刀取り）」のような動きになります。

この「膝抜き」によって一瞬宙に浮く状態のときに、足や手、肘をある方向に出すと重心がそちらに移動し、それに伴って体も移動するのです。

このとき、いわゆる中心軸が傾くと、早々に着地してしまい動きが止まります。しかし中心軸をまっすぐ保ち続けると、より移動の距離が伸び、地を滑るような印象を与えます。

ここで「縮地法」を気配なく相手に近づくための技法と考えた場合、距離が伸びることより、「中心軸がまっすぐのまま移動してくること」が重要な要素でしょう。

というのは、受け手にとっては攻め手がまっすぐの姿勢のままで迫ってくると、「近寄ってくるように見えない」という現象が起こるからです。向かって来るときは軸もこちらに傾くことをわたしたちは経験的に知っているので、軸をまっすぐにしたまま移動されると、認識しにくくなるのです。そして近寄ってきたことを認識できないために、居着きがおこります。

ですから中心軸をまっすぐのまま移動する、その移動方法に「縮地法」が成立する仕組みがあるといえます。

⑥ 短距離の縮地を繰り返す「水面走り」

このように考えてくると、遠間から一気に距離を詰めることだけでなく、〝歩いて間を詰めてくるにもかかわらず攻撃を避けることができない〟という現象も「縮地法」の観点から見ることができるようになります。

2016年からの甲野先生の技の展開の中に、「水面走り《みなもばしり》」というものがあります。腰の位置で「内観的微振動」をすることで、足を腰幅に開いたまま一気に間合いを詰める歩法です。

これまでの滑空するように直進方向にフワッと間を詰める感じではなく、ある種小走り的に素早く両足を踏み替えながら間を詰めます。これを騎馬立ちのように足を大きく左右に開いたままで行います。甲野先生にはこれもまた「縮地法」のひとつである、という認識があるようです。

わたしは「縮地法」というと〝一気の寄り〟というイメージがありましたから、「水面走り」が縮地と言われて不思議な気がしました。しかしここまで見てきたように、相手に近づくことを認識

水鳥の足の武術的展開

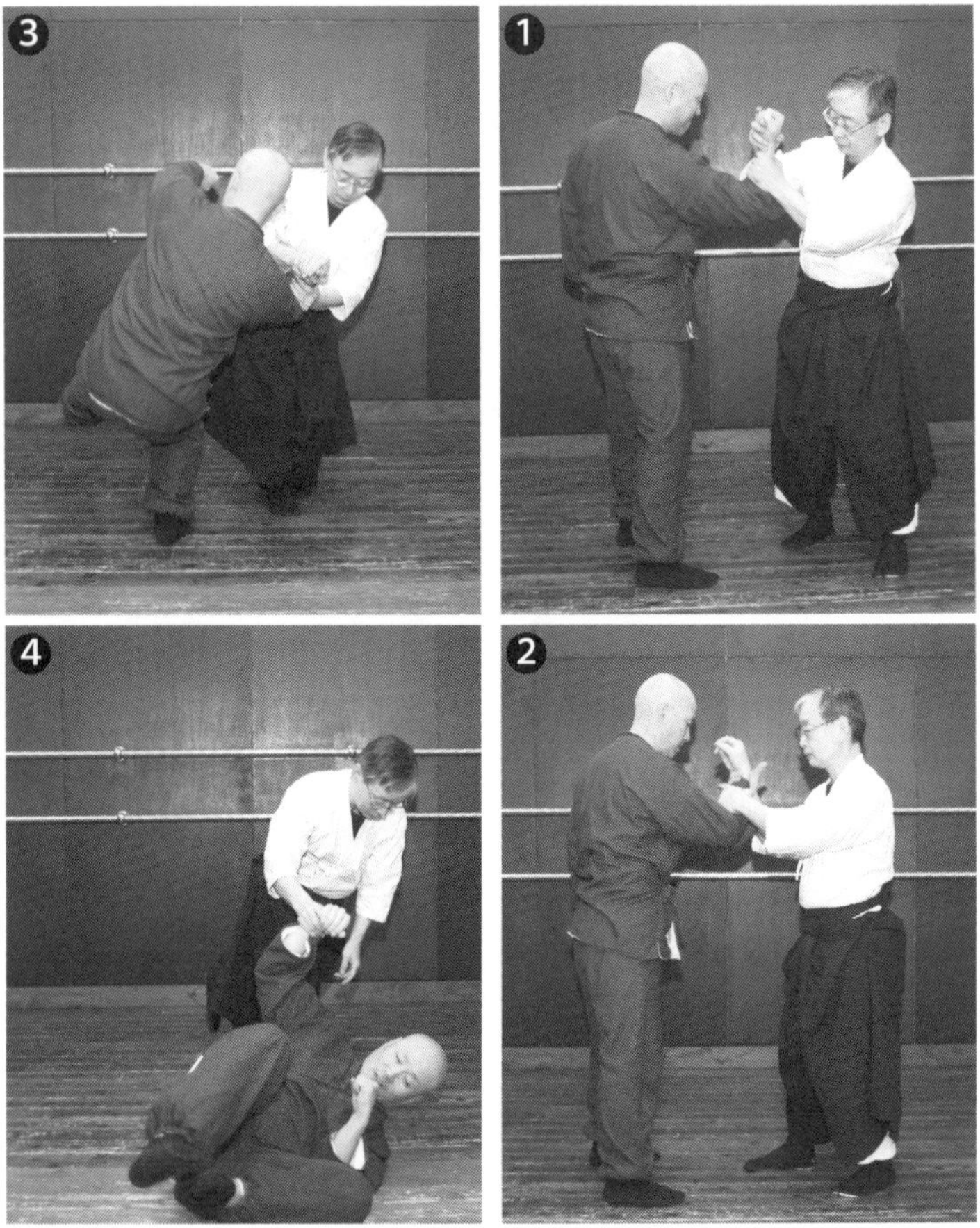

例えば「小手返し」のような技法において、①のように力で相手の腕を返そうとすれば、相手もこちらが踏ん張った足を拠り所にして耐えることができる。しかし、水鳥の足を用いて瞬間的に支点を消失させると相手はあたかもこちらが「消えた」かのように感じて踏ん張ることが難しくなる（②〜④）。

「予測はずし」と縮地法

人が手足を動かす際、五感（主に視覚）をもって周囲との距離感を測りつつ、瞬時に判断、行動へとつなげている。特に動くものに対する場合、感覚は自然に動きを予測し、その予測に基づいた行動を指令として脳が発し、実際に動いている。水鳥の足による体捌きは、単純な円運動ではなく、支点自体が動くロータリーエンジンの如き動きのため、相手は予測をはずされてしまう。縮地の法による攻撃も同じことが言える。支点の定まった攻撃に対して、特に武道、格闘技で訓練された人は反射的に動きを予測し、攻撃を受け流すことが可能である（①～②）。しかし、水鳥の足の術理を用いた縮地法により接近する相手は、土台そのものが移動しつつ、「身を延べる」という身体の変化を相乗するため、一瞬判断が迷わされ（予測がはずされ）、防御が間に合わなくなってしまう（③～⑤）。この原理があって、はじめて縮地法は、武術として意味のあるものとなる。

中間重心と太刀取り

いわゆる無刀取り（太刀取り）においても、床を蹴って脇へ抜けようとすると難しい。これには一拍遅れることと、相手もその動きに反応し太刀が追ってくる欠点がある（①〜②）。そこで中間重心をもって踏み出すことによって、身体は手足の動きに導かれるように移動し、相手はその動きを追うこと（反応）ができず、手元を押さえられてしまう（③〜⑥）。さらに、予測をはずされるため体も崩れ、いいようにコントロールされてしまう。

3

4

5

6

移動の変化を把握させない「中間重心」

相手の予測をはずす＝相手を居着かせる移動を生み出すのが、動作術で言うところの「中間重心」。身体内部で中心を常に保つことで、全身の動きが統御され、動きに方向性が出なくなる。具体的には、例えば真っ直ぐ歩いていく際、中心を保った中間重心であれば、踏み出す足をちょっと脇へ逸らすだけで全身がその方向へ引き出されつつ、動きが継続される。意識としては「真っ直ぐ進む」だけなので、相手もその動きを読むことが非常に難しくなる。

「そこに居て居ない」縮地の本質

こう考えてくると、武術においての縮地法が「なぜ、遠間を必要とするのか？」も見えてくるのではないか。縮地法でいくら遠間を瞬時に詰めようと、動いた瞬間に一歩下がられてしまえば、いいようにカウンター攻撃を出されてしまうだろう。縮地法を使うには「相手を居着かせること」が必要であり、そのために「相手が反応する〝間〟」が不可欠となる。逆にいえば、「ただ、歩いて近づく」だけでも、そこに縮地法の術理を活かすことは可能であり、相手がその動きに合わせて（反応して）動こうとした瞬間（①～②）、予測をはずれたところから相手をコントロールしてしまう（③～④）、これも武術における立派な縮地法となりうる。

最新の縮地法（？）「水面走り」

縮地法とは「接近する際の動きの質」にタネがある。その観点を裏付ける一例が、甲野師範の最近の展開の中に見出せたと中島師はいう。それが①〜⑤の「水面走り」。四股のように両足を開いて立った状態から、体前面を正面へ向けたまま小刻みに足を運び相手へ迫る。接近する姿は捉えながらも、相手はどうにも対処できずそのまま崩されてしまう（⑥〜⑧）。これなど、「瞬間瞬間の縮地法」の応用と言えるのではないだろうか。

3

4

5

6

7

8

させず行動を一時停止させてしまう、つまり居着かせてしまうのが「縮地法」だと考えると、納得がいきます。

甲野先生に「水面走り」で寄られると、近づいてくること自体は分かるが、どのように近づいてくるのかが分からず、動きを止めることができないのです。その時の体勢は足をすばやく踏み替えるため、軸が立ったままコマ落としのように移動してきます。

❼ 歩法の質を変える「縮地法」

実はこの原稿を書くにあたって、公園で表紙用の写真を撮ったのですが、道場で行う一気に間を詰める「縮地法」の撮影に非常に苦労しました。板の上だと足裏が少し浮いたまま移動できるものが、凸凹の地面でその動きのようにしようとすると地面を蹴らないと難しいのです。

当然地面を蹴っては「縮地法」にはなりません。おかげで何度も撮り直すことになりました。しかし「水面走り」の撮影は、外だから特に大変ということはありませんでした。

つまり道場のような整備された環境でない場所では、数歩で近づく方が現実的です。その一歩一歩が「縮地法」の連続であれば、受け手の対応を遅らせることができますし、また必要に応じて受け手の側面や背後を取るなどの左右への移動がさらに楽になります。

このように遠間からの一気に詰める「縮地法」は、普通の歩法を縮地法にするための稽古であると考えると、その重要性も一段と高まると思います。

甲野先生の左右の足幅を広くとった姿勢での「水面走り」も、普通の歩幅で行うようになることで〝歩きの質〟を劇的に変えるものになるでしょう。

第6章

空間と距離を超越する無足の絶技 〝極意縮地法〟

振武舘◉黒田鉄山

❶ 動く以前の心身を読み取る能力こそが武術の要諦

最近、国内外を問わず、稽古中の冗談まじりに「ミナサンノチイサイノウミソデハ、リカイフノウデショウネ」などとよく申しております。

確かに人は眼や耳、皮膚などを通してものを知覚、判断しております。しかし、なぜ崩されたのか、どこから太刀が眼前に現れたのか、いや、そもそも相手の身体がこちらの予測とは異なる間《ま》で近づいてくるという、それら動きに関してまったく手掛かりのないものを通して、各人がそこで認識したものは個々みな異なります。

つまり、修行者にとって、術という見えざる運動体系を理解するためには理論しか稽古の手掛かりはないと言えます。その理論こそがまさに型そのものなのです。その正しさゆえに見えないものを伝える手段は、型稽古を通した以心伝心だったのです。

しかも、そこには稽古の深まりとともに増大しつづける見えざる厖大《ぼうだい》なる情報があり、相手が動く以前の静謐《せいひつ》な佇まいの中にひそむ心身の情報を読み取る能力こそが、武術の要諦だとも言えます。

そのような世界に我が国の古伝武術は存在しております。

黒田 鉄山

Kuroda Tetsuzan

振武舘黒田道場館長。1950年埼玉県生まれ。祖父泰治鉄心斎、父繁樹に就き、家伝の武術を学ぶ。民弥流居合術、駒川改心流剣術、四心多久間流柔術、椿木小天狗流棒術、誠玉小栗流殺活術の五流の宗家。現在も振武舘黒田道場において、弟子と共に武術本来の動きを追求し続けている。

振武舘黒田道場
〒337-0041
埼玉県さいたま市見沼区南中丸734-55
（お問い合せは書面でお送り下さい）

② 無足の法による縮地

日常的な足の使い方を否定した果てに生まれる、非日常的な武術的歩法を我が四心多久間《ししんたくま》流柔術では「無足の法」と呼び、秘法として伝えております。

こんな物言いをするのも、わたくし自身がそう確信しているからにほかなりません。勿論《もちろん》、そんな秘法ですから、祖父以前の時代から無足の法とは申しますが、縮地法という術語はございませんでした。

腰を落として半身の構えを取れば、技術的、原初的な縮地が可能となります。剣の世界においては、起立歩行の姿勢と比べるまでもなく、同じ一歩の歩幅が大きく異なります。同様に、延べ金《がね》三寸、見越し三重の徳など各流各伝に多種多様な大事がございます。

人の身体の大いなる変化が「紙一重」で勝敗を決する世界ですから、何よりもまず術技的に身体が充分に働くことに稽古を集中しなければなりません。さらに、その身体の動き方は、相手にその気配を読ませぬものでなければならなく、加えて瞬時に間を詰め寄りたいという希求から、床地面などを蹴らずに最短時間で移動をするための技が型として伝えられました。

【半身の構え】

無足の法（縮地法）の基礎となる腰を落とした半身の構え。古の型から導き出された高度な身体理論に裏付けられたそれは、飛燕のごとき体捌きを実現する。

【半身と起立歩行の歩幅の差異】

半身の構え（写真上）と起立歩行（写真下）では、同じ一歩でも移動距離に大きな差が生まれる。この原理により、最も明解で目に見えやすい、原初的な縮地が可能となる。

かくして無足の法も一定の型として伝えられております。つまり、半身を基礎とした原理原則を示す型ですから、とりあえず見える形を手掛かりとすることは出来ます。しかしながら、その本質はそのような形からは全く伺い知ることはできません。見て出来るものならば、一般大衆すべて名人です。

その半身から半身への転身の際には、不可能と思える「腰を回すな」という掟が立ちはだかります。さらに腰を上下するな、腰を落とせ、などと注文が相次ぎ、さらにそんなきびしい形で飛燕のごとく動けと言われます。しかし、まさに飛燕のごとき業は、その「型」にしか存在しないのです。

その動きは、すべて理論に支えられております。そのひとつに、身体の内外に創られる直線の動きがあります。最大最小理論と申します。そこでは順体法および等速度で動くということも必須重要です。さらには居合術でいう浮身も大事です。それらすべての理論に適ったひとつの動きをもってようやく「術」と申します。その術を得て初めて、半身から半身への動作が複雑な身体運動へと生まれ変わるのです。

複雑になればなるほど、一般の眼には単純化、抽象化され、その変化を読み取ることが至難となります。四百年以上も前の侍が伝えた理論が、現代にいたってようやく高速マラソンの理論として科学的な研究から改めて導き出されましたが、その理論は既に我が祖先たちが手にしていた術技で

【半身から半身への転身】

順体法（決して腰を回さない動き）で、半身から半身へと体を切り換える（①～③）。見た目からは想像もつかないほど、正確に行うのは困難な動作であり、さらに腰を落とすこと、上下させないことなども必須条件となる。

した。

縮地法という概念の歩法は、型においては言葉なく前提として存在しております。先に述べたように半身、沈身という構えがいかに大事であるかということを証明しております。まず形から、単純に歩幅が伸びるということが術への手掛かりとなります。

❸ 非日常的な身体が歩む抽象化された見えざる直線

無足の法とはその文字が示す通り、足が無いのと同義であるという法です。足を一般的な動き方で使えば誰もが重心の左右移動により歩を進めることとなり、動く気配も消すことができません。もちろん正中線以前の問題として軸線も崩れ、まさにその軸線の移動、気配を相手に読まれます。刃筋を通す中心線上に自己の正中線を重ねて移動をするという難事は、型を通じて初めて理解できることなのです。

馬術の名人の話を以前にいたしました。馬をまっすぐに歩かせるということの難事は、知る人ぞ知る世界に存在しております。通常、白線の上を真っすぐに歩くだけなら馬でも人でも出来ることです。見えざる直線という難事の自覚のない人が見える直線上をいくら歩いてみて

【浮身の遊び稽古】

居合術における浮身あるいは柔術の無足の法、すなわち一般的な足を使わぬ法を使っての遊び稽古。互いに正座で向かい合い、自身の右手を相手に両掌で挟まれた状態から（①)、左足から左右への浮身により、左右の足が立ち上がるという動作なく立ち上がった形を得ることができる（②〜④)。

も、何の術技も生まれません。見えざる抽象化された直線上にのみ攻防の極みがあるということが理解出来なければ、一生即物的な直線上を剣が往来するのみです。

とは言え、ものごとには段階があり、わたくしどももはじめは見えるものが手掛かりで、見えないものはないものとして出発いたしました……。

人には体格差があり、年齢性別もあり、筋力の差も当然あります。しかし、本来の武術というものを知れば、たしかに即物的な環境には存在しないことが痛感されます。我々の求めるものは異次元とさえ言える世界にしか存在しておりません。非日常的な身体が日常化されたとき、日常歩行においても見えざる直線上を歩むことが可能となり、それはすなわち縮地法という術法とも合致いたします。

昔――人の言う全盛期（前世期）の頃――わたくしの第一印象なるものを人さまから伺う機会がありました。わたくしが近づく姿を、ある方は「壁が近づいてくるようだ」と評されました。また他の方は「映像が近づくようで実際の距離感がどうしてもつかめない」と感じられたそうです。

このとき、初めてそんな印象を耳にして、驚いたものです。わたくし自身にはそんな経験がないので興味深く耳を傾けるのみでした。最近、別の方からも同様の感想を聞くにおよび、人は歩法から何がしかの個別の印象を持つことを理解したところです。

【見えざる直線を歩む】

崩れることのない武術的正中線を確立し、無足の法で歩む姿はまるで「壁が近づいてくる」ようであり、あっと思った時にはもう目の前まで詰められている（①〜③）。見えざる正中線をさらに一点に収斂させ、目に見える身体とは別個のあるものが初めて見えざる直線を歩むことができる。

つまり、これは無足の身体が歩き、近づく様子を一般の方々の言葉で表現したものなのでしょう。崩れることのない武術的正中線が歩む姿は、そのような異種の感覚を人に与えるのかもしれません。長年の稽古により、その身体に培われた武術的正中線が崩れずに歩む姿を日常のものとするための方便が型稽古なのです。

そのような非日常的身体の日常化のための稽古では、まさに理論集中こそが眼目となります。無足の法、順体法、最大最小理論等々からはずれないように、丁寧に自身の動きを制御、統制するという一点に集中することが極意と呼ばれる身体運動に直結しております。

4 動く以前に彼我の優劣が表現される〝極意縮地法〟

稽古に際し、はじめの礼式をいたしますと、頭を上げたら、相手がもう眼前に入っていた、というのが形而上《けいじじょう》的な縮地法です。動く以前の先手に、彼我の優劣が表現されます。

半身沈身の構えをこちらが取る以前に、既に相手はここに達している、いやわが身体を貫いていると恐怖を覚えるような術が縮地を含む武術全般であります。そんな相手と稽古が出来るのも型という世界の頼もしさではないでしょうか。既に間を抑えてそこに入っている。

対峙した瞬間、互いが動き出すその以前に、空間も距離も超越し「既に斬られている」と相手に恐怖を感じさせる術こそが〝極意縮地法〟であると黒田師は語る。次ページの礼式同様、受ける側もそれだけの身体感性が必要になるが、「型」が示す無足の法、順体法、浮身などを体現した非日常的身体が操る剣を前にした時、人は斯様な戦慄を覚えるのだろう。

【礼式からの縮地法】

❸

❶

❷

稽古に際し、はじめの礼をして頭を上げたその瞬間、既に眼前に入られている（①〜③）。現在の振武舘黒田道場という環境においては修行年数にかかわらず、初心者はいざ知らず多くの者はこの見えざる情報を察知することは日常である。

入っているところへ足を使わずに進みよる。これすなわち、無足の法であり、縮地法であります。

年齢体力には無関係の世界が古来の武術です。蹴ってはならぬ、脚力に頼って間合いを一気に詰め寄る非は四百年以上も前から教え諭されていることです。そうではない別次元の明確な身体運動が今日に型として伝えられております。型を生かすも殺すも、その人次第です……。

縮地法と言い、無足の法と言いますが、すべて極意的手法、身体の一面を述べた言葉でしかありません。いずれも彼我の状況の逆転を表すものです。

それぞれの術語を初心の段階での意味解釈だけで、それがその術語の本旨であると誤解してしまえば、その術が存在する本体世界を見失うこととなります。かくして抽象的な直線上を歩む身体は、紆余曲折連綿として千鳥足で歩んでいても、その正体は捉えがたいものとなります。

第4部

超合理的日本古伝 忍者歩法と〝ナンバ〟の驚異

第7章

不及流歩術「万民千里善歩傳」の研究
“日に160キロ踏破する”忍びの歩術

忍道家 ◉ 習志野青龍窟

❶「不及流歩術」の傳書研究

筆者は以前より古の歩き方・走り方に関心があり、いわゆる飛脚や忍びの早道、遠足（とおあし）の技術に想いを馳せておりました。

ある時、忍術の呼吸法などを調べている中で、三重大学国際忍者研究センターのWEBサイトに気になる記事（「(エッセイ) 伊賀者も使っていた？ 不及流歩術なる武芸」）を発見しました。『不及流歩術』なる『武芸』の文献を目にすることができました。『増補大改訂 武芸流派大事典』

によるとこの不及流は、『江戸中期の人、岡伯敬が祖。伊賀者の歩行術という』と書かれています。（中略）岡伯敬曰く不及流ならば、『健康な人なら一日40里（約160キロメートル）はたやすい』と言うのです」

『不及流歩術』は明和八年（1771年）の傳書で、岡伯敬が祖。この術を用いれば、健康な人なら一日四十里（160キロ）を移動できるとされる、驚きの内容です。

この傳書を何とか読んでみたいと思っていたある日、偶然にも『岡伯敬　万《ばん》民《みん》千《せん》里《り》善《ぜん》歩《ほ》傳《でん》　全』（文久三年）の資料を発見し、入手に成功しました。

さらに調べを進めたところ、ほぼ同一内容の『不及先生千里善走傳』という資料が国会図書館

五十嵐 剛
Ikarashi Tsuyoshi

1988年東京都生まれ。埼玉県在住。
幼少より様々な武道や格闘技を学ぶ。
2009年に伝統文化の発信を修行の一環とする都内の忍者団体に所属。インバウンド向けの文化体験ツアーやショー、セミナーなどを数多く手がけ、以降「忍者 習志野」として国内外のメディアに多数出演。スウェーデンでの海外公演や映画「サムライマラソン」での忍術指導も担当した。
現在では忍道陰忍な師範として都内を中心に忍道教室を展開。忍術・武術参究者として山修行の実践や武術稽古、忍者資料の検証を通じて、温故知新の技術を今に伝え、忍道の普及に努めている。
『忍道』陰忍評定衆 師範
国際忍者学会会員
松聲館技法研究員
関口流抜刀術山田道場門下
里山武芸舎所属
東京都港区防災アドバイザー（忍術防災）

五十嵐剛（忍者 習志野青龍窟）
Facebook https://www.facebook.com/narashinoninja/

『岡伯敬　万民千里善歩傳　全』（文久三年）。絵図には、手を挙げた一見不思議な姿勢で下り坂を行く姿が描かれている。

で確認できるとの情報を得て、二つの資料を比較検討する事も出来ました。

若干の違いは見られるものの、2冊の内容はほぼ一致している事から、少なくとも明和八年から文久三年までの約100年間、伊勢参りの流行などを通じて、一般にも親しまれた技法である可能性が出てきました。

また、私の入手した資料には絵図が載っており、後の復元実践の際の大きな気付きに繋がりました。

② 房総廻国修行合宿と「上り坂下り坂運歩の法」

去る8月の夏日、里山武芸舎・生田覚通《あきみち》先生主催の「房総廻国修行合宿」に参加しました。野宿をしながら房総の地を3日間かけて総長約80キロを歩く修行です。ルートは

房総廻国修行合宿

【日時】2020年8月8日〜10日
【旅程】千葉県姉ケ崎〜保田（約80km）

左から里山武芸舎・生田覚通師、中山さん、筆者。

※以下は、筆者の合宿の際の装備。
◎入れ物：駄袋（だんぶくろ）、道着袋
◎道具：忍び六具（石筆以外の編笠・手ぬぐい・鉤縄・薬・打竹）、寝袋、シュラフカバー、ライト、ソーイングセット、着替え、ワセリン
◎携帯食料：味噌、干飯、竹筒水筒
◎服装：上着、股引、羽織、晒帯、手甲、脚絆、草鞋、地下足袋、血止め、足袋、褌

千葉県姉ヶ崎から保田まで。途中には長い山道も続く厳しいものでした。

しかし、このまたとはない機会に『千里善歩傳』にある技法を試したいと、いろいろと検証してみました。

初日は姉ヶ崎から久留里までの27キロほどを歩き、草むらで野宿。2日目は久留里から山を抜け大山千枚田付近の田んぼ脇の畦道で野宿。3日目には山道から海へ抜け、目的地の保田駅に到着しました。毎日8時間以上歩く修行でしたが、参加の5名は生田師範のご指導のおかげもあり、誰一人大事には至らずゴール出来ました。驚くべき事に、写真中央の女性の中山さんは古希を迎えられています。一緒に旅をしていて、その健脚ぶりには驚嘆しました。

合宿の際の装備は前ページ上に掲げた通り。

この様な古風な出で立ちと装備で臨んだところ、袷の上着は通気性に優れ、帯は腰を支えるなど、身体の動きを補助する要素が多かった様に思います。

また、忍びの六具も随所で役に立ちました。手ぬぐいは汗拭きから荷を縛る紐としても何かと有用で、編み笠は日差しから身を守り、雨露を防ぐ、もはや必須の品であると言えます。特筆すべきは血止めです。これは藁紐で膝の下をきつく縛り、血の巡りを調整することによって疲労を軽減する古の知恵ですが、想像以上の効果がありました。

房総廻国修行合宿の道中、冒頭で紹介した傳書絵図を基に坂道に関する技法を検証した所、大変有効である事がわかりました。

絵図の通り、坂を下る時に手を挙げ、着地の衝撃を肩で逃す様にすると、足や膝への負担が著しく軽減しました。また、傳書通り、上り坂では腕を下ろして腰を廻らせて歩くと、楽に進むことができました。

これらの技法についてTwitterに投稿したところ、思わぬ反響があり、動画は75万回以上再生されました。トレイルランナーや自衛官、山歩きの方々からも「真似したら大変楽になった、不思議な技術だ」という趣旨のメッセージを多数頂きました。

また、先程の中山さんにも2日目の道中でこの下り坂運歩を試してもらいましたが、「大変楽だ」といいながら、坂道を素早く駆け下りて行かれる様は圧巻でした。大きな反響と効果に、この技法の重要性を感じ、さらに本格的な実践と検証を始めました。

❸ 古い歩き方みんなで練習しましょう会

こうした実践を踏まえ、これまで数回にわたり、上記タイトルで千里善歩傳の練習会を開きました。初回には20名以上の方の参加を頂き、遠方は福島からの参加もありました。

「千里善走法」に関して私なりにまとめた資料をお配りして情報共有し、10キロほどを歩いたり、武術や忍術に含まれる昔の身体技法などを紹介したりしながら、「千里善走法」の検証を行いました。

「千里善走法」の傳書は8つの技法から構成されています。

一、三ッ足運歩の法
一、肩衣袴着の節運歩法
一、上り坂運歩の法

【三ッ足運歩の法】

真 五分五分

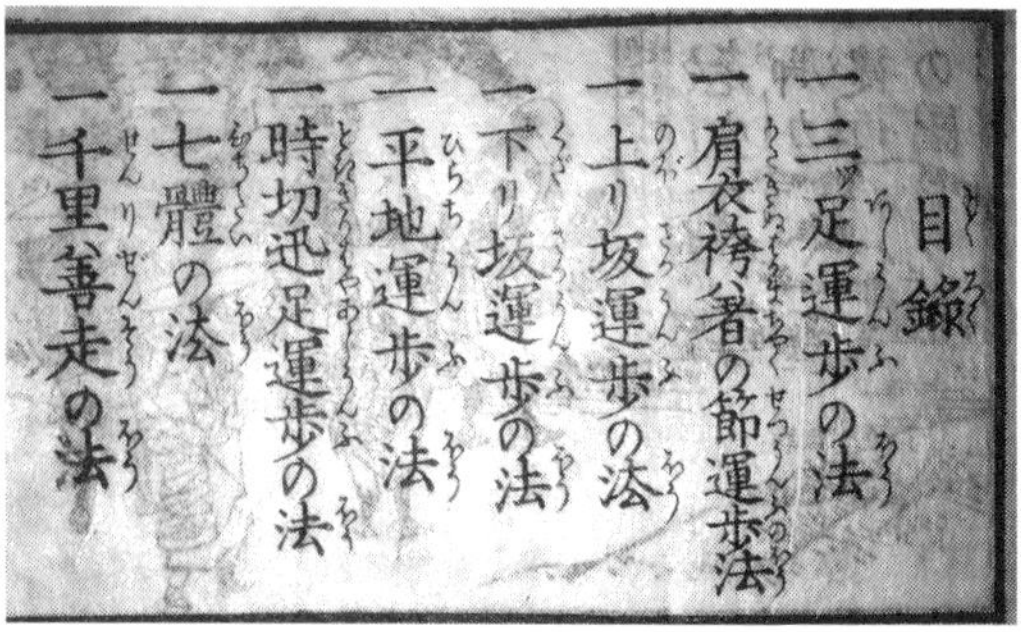
目録《もくろく》
一 三ッ足運歩の法
一 肩衣袴着の節運歩法
一 上り坂運歩の法
一 下り坂運歩の法
一 平地運歩《ひらちうんふ》の法
一 時切迅足運歩の法
一 七體の法
一 千里善走《せんりぜんそう》の法

もっとも基本となる「真」の歩法。左右の足を五分五分に均等に出していく。昔は腰に物を身につけていたり、着崩れを防ぐため、大きく手を振ったり腰を捻ったりはしないように意識する。歩きと走り、両方行ってみる。

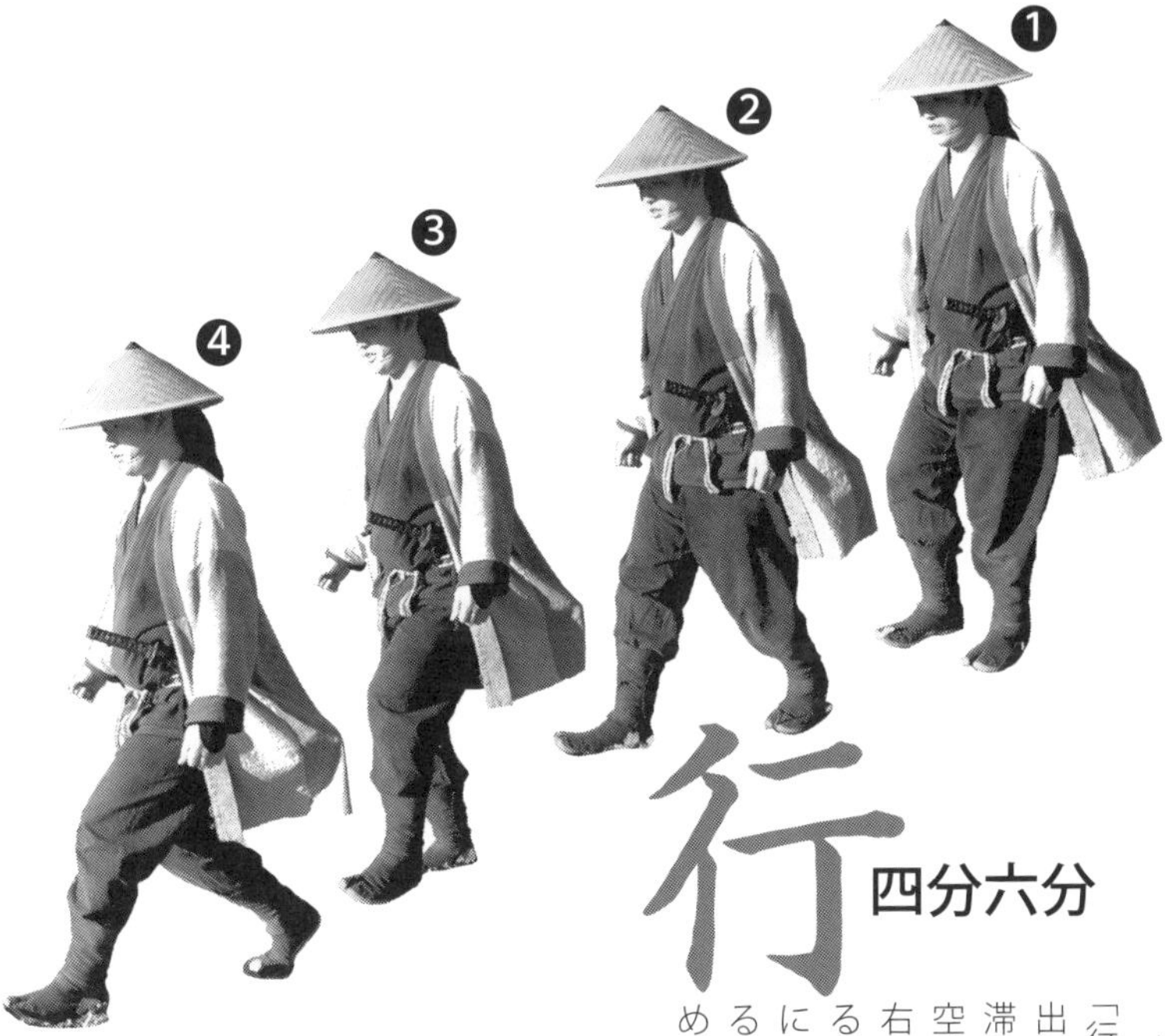

行 四分六分

「行」の歩法では、四分六分に足を出していく。五十嵐師は片方の足は滞空時間を短く、もう一方の足は滞空時間を長くとり、ストロークを左右で少し変える心持ちで行っている。怪我や痛みのある足を庇うようにして長距離を歩くことも可能となる。その際体重を掛けないよう、痛めた足の方を六分で運ぶと良い。

草

「草」の歩法では、真と行を踏まえた上で、思うがままに自由に歩く。

一、下り坂運歩の法
一、平地運歩の法
一、時切疾足運歩の法
一、七體の法
一、千里善走の法

この内、最も重要と思われる技法は最初の「三ッ足運歩の法」です。これは真・行・草のそれぞれの歩法から成り、概要は次の通りです。

真：左右を五分五分に出し運歩する
行：片方を四分もう片方を六分と運歩する
草：尋常（普段通り）に運歩する

真・行・草の歩法はその後に続く技法の中でも度々登場し、本書の基礎となる技術である事が伺えます。

およそこの様な傳書は、冒頭に、基礎にして奥義となる教えを書くものがよく見受けられますが、この傳書もその形をとっているものと思われます。

ですが、ここが一番解読の難しい所でもあります。「真」の歩法の「左右を五分五分に運歩する」とは具体的にどういう事なのか。現代的なジョギングのようなフォームをただ左右均等に心掛けて行えば傳書の示す所となるのか。はたまた帯刀した際や和装の時に用いる様な腕をあまり振らない古風な歩き方を用いるのか。「行」の歩法にある「六分四分」とは、体重のかけ方なのか、歩幅のことなのか。「草」の歩法は「尋常の足取り」とあるが、この時代の尋常とはどういうことなのか。

こういった点は各々の検証や研究の課題であると思われますが、傳書内にヒントは散りばめられています。

例えば、「肩衣袴着の節運歩の法」や「上り坂運歩の法」、「七體の法」の中にも「三ツ足運歩の法」を用いる旨の解説が出てきます。

全体を読み解き、実践してみる事で一番大切な基礎の部分が見えてきます。

本文には「身の備へ等、管城子の盡す所にあらず、師授口傳にあらずんば、爭か其の妙を得んや」とあり、要約しますと「練習法などは到底筆で書き尽くす事は出来ない。師匠に付いて口伝や実傳を受けなければ、どうしてその本質を体得する事が出来るだろうか」と書かれてしまっているので、師匠からの口傳と合わせて学ぶ事が、本来は求められたものと思います。

しかしながら、実傳の殆どは失伝してしまった現在、創意工夫をして復元を試みる他ありませ

【七體の法】

腕

応用の歩き方と言える「七體の法」は、体の「頭、胸、腹、両足、両手」の各部、それぞれに重心位置を分散して、どこか1箇所に重きを置いて進む技法。7つの技法を一定距離づつ順々に巡らせて歩く（走る）ことによって、疲れを軽減させ、長距離を移動することが可能となる。

片手に重きを置き、重いものを振った力を用いて、宙に飛ぶように進んでいく。両手を振ってしまうと、片手で生まれた推進力は逆の手で相殺されてしまうので、跳ねる動きが出てこない。片手を振り戻す際に、反作用で逆の足が前に出る。

頭

胸を控えて頭が重くなり、頭が前に出るのに対して身体がついていく。

胸

頭を控えて胸が重くなり、胸を突き出すように重きを置き、足は五分五分に進めていく。

千里善走法

【上り坂運歩の法】

上

上り坂では手を下げて腰を据え、両足を廻らせながら「真の歩法（五分五分）」あるいは、「行の歩法（四分六分）」で上っていく方法がある。斜面では十間（18メートル）毎に歩き方を変えるようにとも伝書には紹介されている。

【下り坂運歩の法】

下

下り坂では両手を挙げ、肩で着地の衝撃を逃すように足腰の負担を和らげる。

ん。よって、より多くの方々にこの千里善走傳について触れて頂き、様々なご意見ご感想を共有する事で、深められるものがあると思っております。

❹ 身体を通した古法の検証

こうした検証では、自分の身体を通し、実際に経験する事が重要だと考えています。道路の環境が変わっても、身体は昔も今もほとんど同じはずです。身体を通して古伝を学ぶ事で昔の人とコミュニケーションをとっている様な気がしてきます。

明治以降、日本の歩法には大きな変遷があると言われます。でもその変遷とされるものが、知識のままで語られる事が多い様に思えます。

実際にやってみる事で朧げながらも確実に見えてくるものがあると信じています。歩法に限らず、何事も慎重に検証し解らぬ事を解った様には語らず、真摯に活動していきたいと改めて思います。

今後も、この検証で掴んだ技法を共有していく活動を続けて参りたいと思います。ご関心のある方はどうぞご遠慮なくお問い合わせ下さい。是非とも一緒に古法を試して頂けましたら幸いです。

忍術「遠足」の実践検証

現代人が1日160km歩くことは可能か!?

常陸廻国追善修行

【日時】2020年9月26日〜30日
【旅程】埼玉県上尾市〜北茨城 大津港の長松寺(164km)
※徒歩で85km、自転車で220kmの往復300km

「健行なる人は四十里(160キロ)の行程一日に至り易かるべし」傳書にあるこの言葉の意味を探るべく、実際に四十里(160キロ)を歩いてみようと思い立ち、2020年9月の下旬に検証の旅に出ました。

ちょうど自宅の埼玉県上尾市から母方の菩提寺、北茨城は大津港の長松寺までの164キロを目指します。丸一日24時間を歩き通してどこまで行けるのかという検証と、通せなかった残りの道中をのんびり歩いて、トータルで四十里という距離を身体で感じたいという想いでした。

今回は夏合宿の時より涼しい時期という事もあり、比較的軽装。野宿もしないので寝袋など嵩張る重い物もありません。しかし草鞋を素足に履いてどこまで迫れるかの検証もしたので、そこがかなり厳しいものとなりました。舗装道路と草鞋の相性が悪い事は聞き及んではおりましたが、それが如何程のものなのかはやってみなければわかりません。

また、絵図の旅人のように脇差を帯刀して行きたいとの思いがありました。腰のものをして移動することで身体的感覚の違いがあると思ったからです。しかし今の世だと法に触れますから、記録撮影用の一脚を腰に差すことで代用としました。

サア検証開始。初日には24時間不眠で埼玉県上尾市から茨城県石岡市までの80キロを歩きました。予想では100キロ程度は行けるとふんでいましたが、途中で草鞋は次々と擦り切れ、60キロ地点までに三足も交換することとなりました。

草鞋の手持ちがなくなり最後は地下足袋にて移動。体力的に余裕はありましたが、やはり素足に草鞋で舗装道路を歩くという事は想像以上にダメージがあり、特に足底の疲労が限界に達し、歩く度に激痛に見舞われてしまいました。それでも石岡市から水戸市までの30キロを歩いて宿をとろうと思っていましたが、痛みにより断念してバスにて水戸へ。

水戸では以前忍者合宿に参加してくださったベリーダンサーのジャスミンさんが旅の一報を聞きつけて、地元の水戸をご案内下さいました（この場を借りて御礼申し上げます）。弘道館など地元の史跡を観光させて頂いたのち、明日以降どうするか思案していました。足の状態的には、既にまともに歩けなくなっていたのです。

翌朝、水戸を出発し5キロほど歩いたところで、足の甲に更なる激痛が出て、もはや地下足袋も履いておられず裸足となり、ガードレールを手摺りにして歩いておりました。

心にリタイヤの四文字が浮かびます。フトここで名案が浮かびました。「自転車を買おう！」

当初の目的は果たせませんでしたが、水戸から目的地までの残り60キロを、購入した自転車で向かい、夕暮れ近くには無事ゴールの長松寺に到着。御住職に歓迎していただき、無事に先祖の墓にも参拝出来ました。記念に鐘を突かせて頂いた時、驚くほどに美しい夕焼けに染まり、神仏の加護を感じずにはおられませんでした。

話のオチになってしまいますが、帰りは自転車を置いて帰る訳にもいかず、そのまま乗って帰路に着きました。また丸一日不眠で、自転車による総走行距離は約220キロ。命からがら帰宅出来ました。

結局、徒歩で85キロ、自転車で220キロの計300キロの旅となってしまいました。三日間で合計6時間も寝ていない中、生きて帰って来られたのでよしとします。■

第8章

速くてラクで疲れない！ W・リード式ナンバ歩き

ナンバ術協会特別師範

◉ウィリアム・リード

文◉加藤聡史

❶ 伝統に学ぶ サムライウォーク

山梨学院大学教授にして書道十段、合氣道八段を持つウィリアム・リード師は現在、日本の諸芸・諸道の研鑽を積みつつ、矢野龍彦師（ナンバ術協会最高師範）に学んだナンバ歩きを普及する活動も行っている。日本の伝統的身体文化であるナンバとこれまで修得してきた諸道、さらに甲野善紀《よしのり》師範のご子息である陽紀《はるのり》師範より学んだ古武術の理は、現代の文武の巨人であるリード師の中で融合し、「リード式ナンバ歩き」とも呼ぶべき独自の歩行術として結実した。本稿ではその概要と実践応用の一部をお伝えしたいと思う。

リード師とナンバとの出会いは、合氣道の稽古中に師の丸山維敏《これとし》合氣道唯心会会長から「サムライウォーク」という言葉を聞いたのが切っ掛けだった。「サムライウォーク」というワードがリード師の感性に訴えかけるものがあったのは確かだろう。リード師は丸山会長に話を聞いた上で調べると、矢野龍彦師の「ナンバ祭り」という月一講習会を知ることが出来た。それから二十年、矢野師に学びながら、普及活動においても盟友のような関係となっていった。

着物、帯刀、草履といった和装から育まれたナンバの動きであるので、「やはり相性が良いのは

ウィリアム・リード

William Reed

アメリカ出身。山梨学院大学 国際リベラルアーツ学部（iCLA）教授。全日本書道連合會書道十段、全日本教育書道連盟本部付副会長、唯心会合氣道八段。日本筆跡診断士協会筆跡アドバイザー。ナンバ術協会特別師範。国際居合道連盟鵬玉会国際委員会委員長、 山梨支部長（二段）。山梨放送「てててTV」コメンテーター。NHK World Journeys in Japan リポーター。クレッグ・バレンタイン氏に師事し、2009年に世界第一号のワールドクラス・スピーキングの認定コーチになる。また自ら手作り甲冑で世界最大の武者行列である信玄公祭りに留学生と共に参加するなど、国内外に日本文化の素晴らしさを伝えている。代表著『世界最高のプレゼン術』（KADOKAWA/角川書店）。DVD『本当のナンバ歩き』、DVD『無外流居合入門』（各BABジャパン）にも出演している。

Samurai Walk 文武両道
http://www.samurai-walk.com
ナンバ術協会
https://nanbajyutsu.jimdofree.com

武道です」とリード師は語る。日常生活は元より、自らが実践する合氣道や居合道にも応用出来るのではないかと考えるようになっていったそうだ。

リード師はナンバをあらゆる分野で上質な動きを行うための一つの鍵だと考えている。無論、それぞれの諸芸・諸道で固有の必須動作というものはあるが、自らも熟達し指導も行っていたタップダンスや、居合の所作に関しても腰から動く、骨で立つといった要素を理解するのに非常に役立った。

何より合氣道家・武道家には馴染み深い植芝盛平翁の「歩けば技になる」という言葉。リード師が武道実践を通してこの言葉を考えた時、武道の技は「攻撃が来てから反応しているのではなく、むしろ同時である」ことに気付いたそうだ。

リード師が一例に挙げたのが合氣道の攻防。正面打ちでも横面打ちでも動作の起こりを捉えて抑えに行くので、門外漢には「馴れ合いで受けが手を抜いているのでは？」と言われがちである。だが、スローに見えるのは「動き出しが速く、攻撃の起こりを捉えていて余裕があるため」だとリード師は喝破する。居着かず止まらず、相手の攻撃を歩いて迎えにいけるほどに余裕を作れる身ごなしこそが技の成否を決めるのだ。

② 後方回転でバランス修正するW・リード式ナンバ歩き

上半身と下半身を有機的に連動させて動くのがナンバムーブの肝であるが、長らく現代の社会生活で身体の各パーツが分離した生活に慣れてしまっていると、なかなか身に付けるのは簡単ではない。仮に合氣道などの武道を嗜んでいても、日常の歩き方まで詳細に指導をされることは稀であろう。また、巷でよく誤解されているが、単純に同側の手足を出して歩いてみたところで、それはナンバ歩きにはならない。

しかし、ちょっとした小物使いでナンバ歩きの修得が容易になる。それが40センチ程度の短棒だ。『月刊秘伝』誌でもお馴染みの山伏・長谷川智《さとし》師からリード師が教わったという、この短棒ナンバ。歩き出す前に、自分の骨盤（丹田）の前方にて両手で棒の両端を挟んで持つ。歩き出しと共に大転子の動きに合わせ同側の一端を下ろすように操作し、脚の稼働と並行して両手の間で棒が後方回転を行うことになる。

二足歩行の宿命で、人間は前方へ移動すれば姿勢が前のめりがちになるが、これではバランスも悪く、膝への負担も大きい。骨盤の大腿骨頭部、移動時のトルクが最も掛かる部分で上肢の動きで

日本伝統の超効率的サムライウォーク
W・リード式ナンバ歩き

❸

❹

骨盤（仙骨）から動き出し、地面を蹴らず、後ろ足を前に送って小股に歩く。頭は上下に動かさず、手は自然な円弧を股関節脇で描く（①～④）。なお、次ページ下写真のように単に同側の手足を出したロボットのような歩き方はナンバ歩きではない。

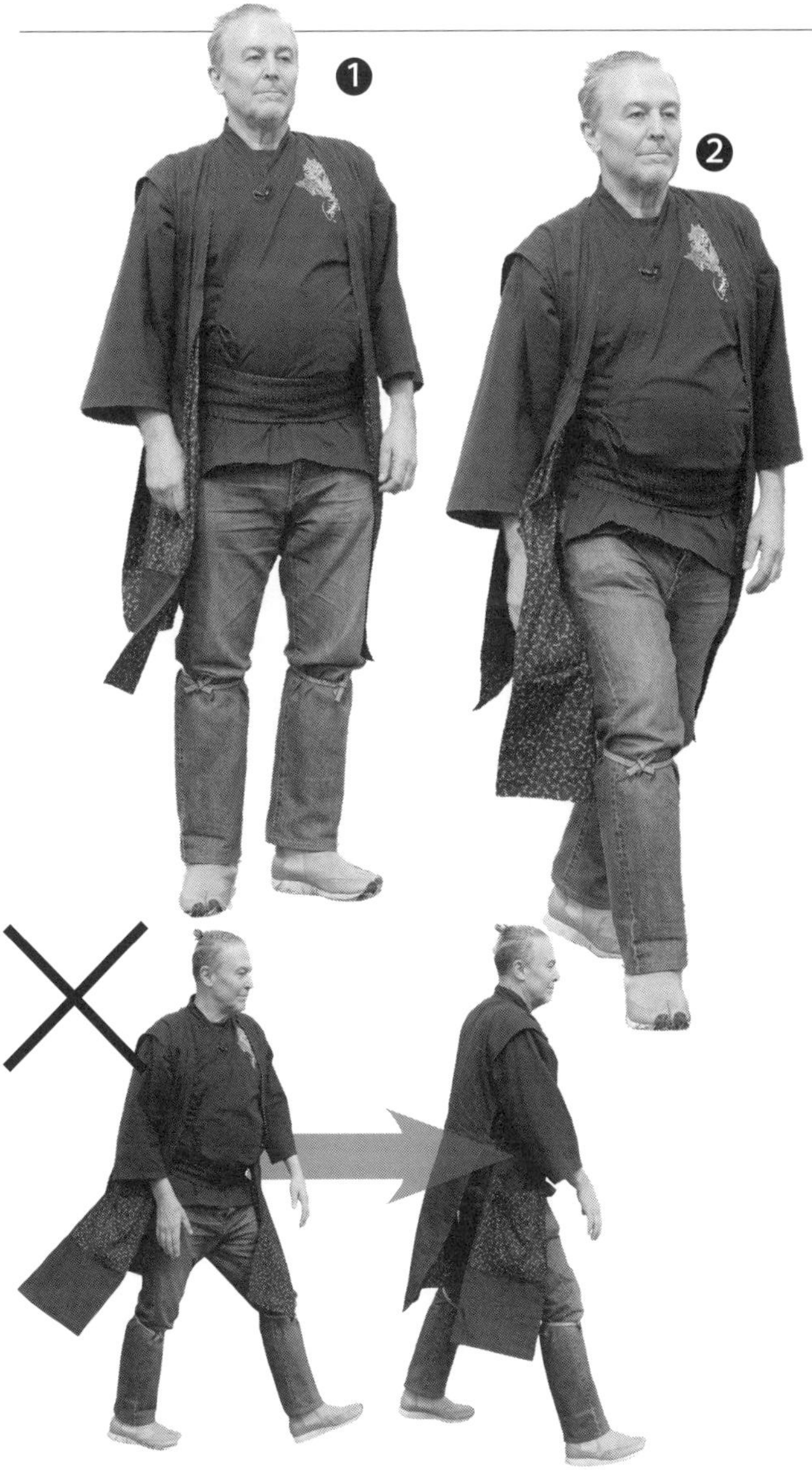
❶
❷

短棒でナンバ歩きをカンタン習得！

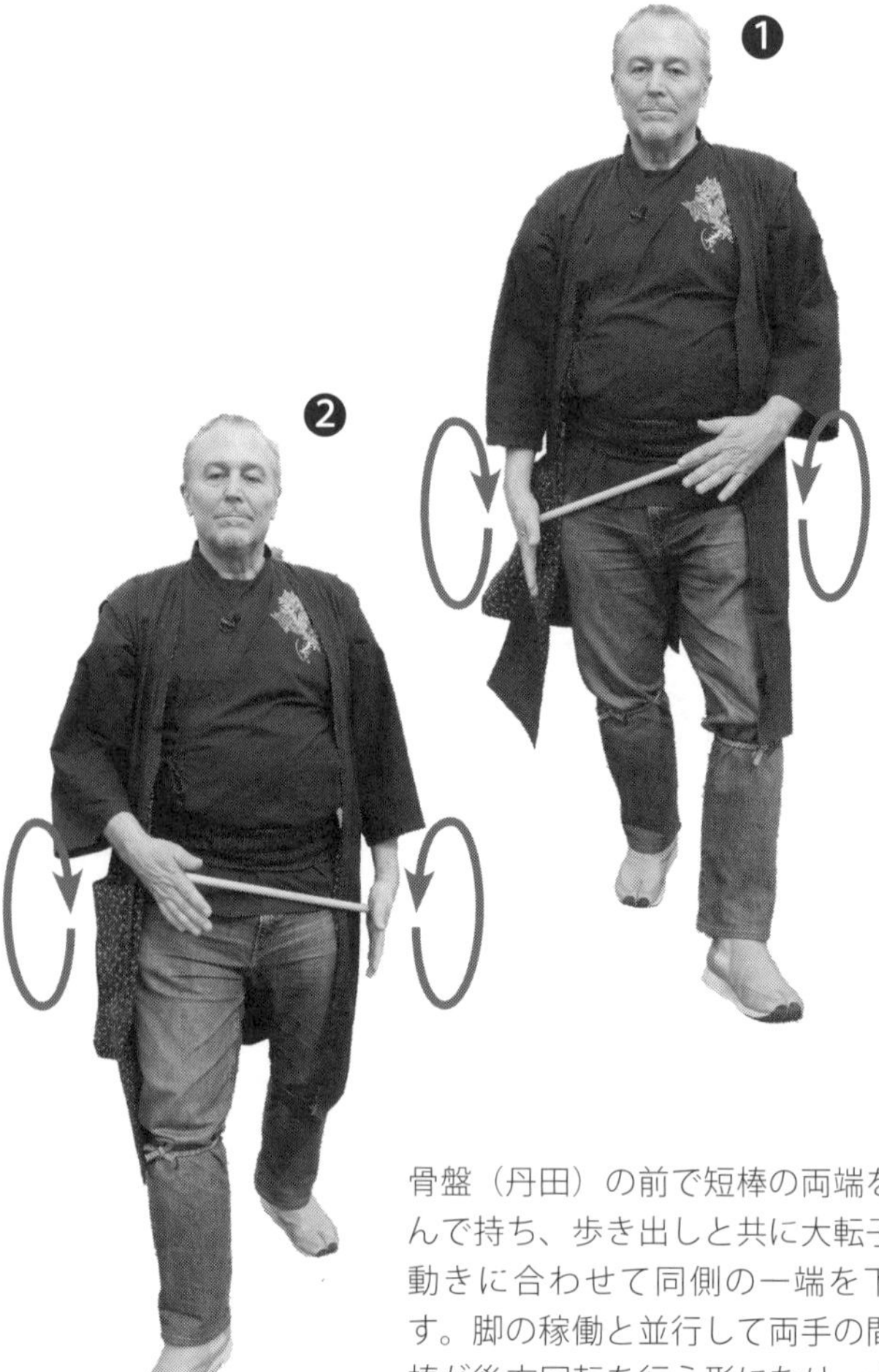

骨盤（丹田）の前で短棒の両端を挟んで持ち、歩き出しと共に大転子の動きに合わせて同側の一端を下ろす。脚の稼働と並行して両手の間で棒が後方回転を行う形になり、ナンバ歩きの感覚を容易に掴める（①②）。

後方回転によるバランス修正

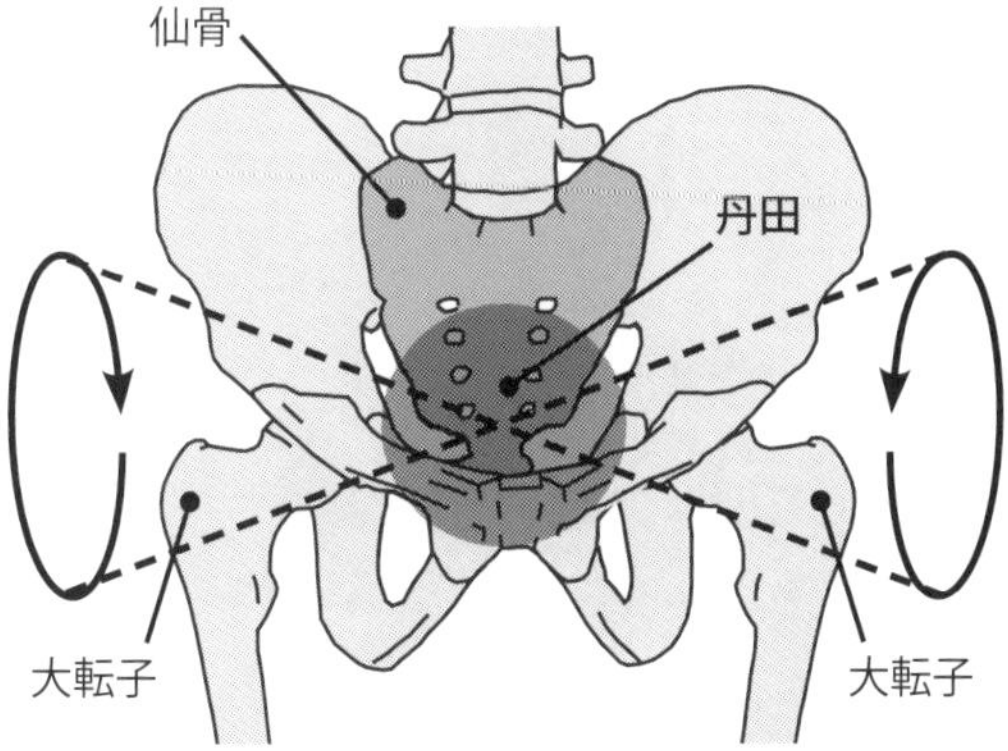

短棒ナンバ歩きは、骨盤（丹田）の前で棒が後方回転を行い、移動時のトルクが最も掛かる部分で、上肢の動きで後方回転の修正を掛けることで姿勢を修正出来る。これは素手でも同様である。

伊達紐で膝の負担を軽減！

伊達紐を膝蓋骨下にきつくなり過ぎないように巻く。これにより膝の動きに軽い制動が掛かり、身体の前傾を防いで膝の負担を減らしてくれる。

その場ジャンプで姿勢を直す

その場で数回軽くジャンプするだけで、自然と両下肢が肩の下、骨盤の下に収まる場所に位置取りされ、楽な立ち姿へと直すことが出来る。

壁を使った姿勢チェック法

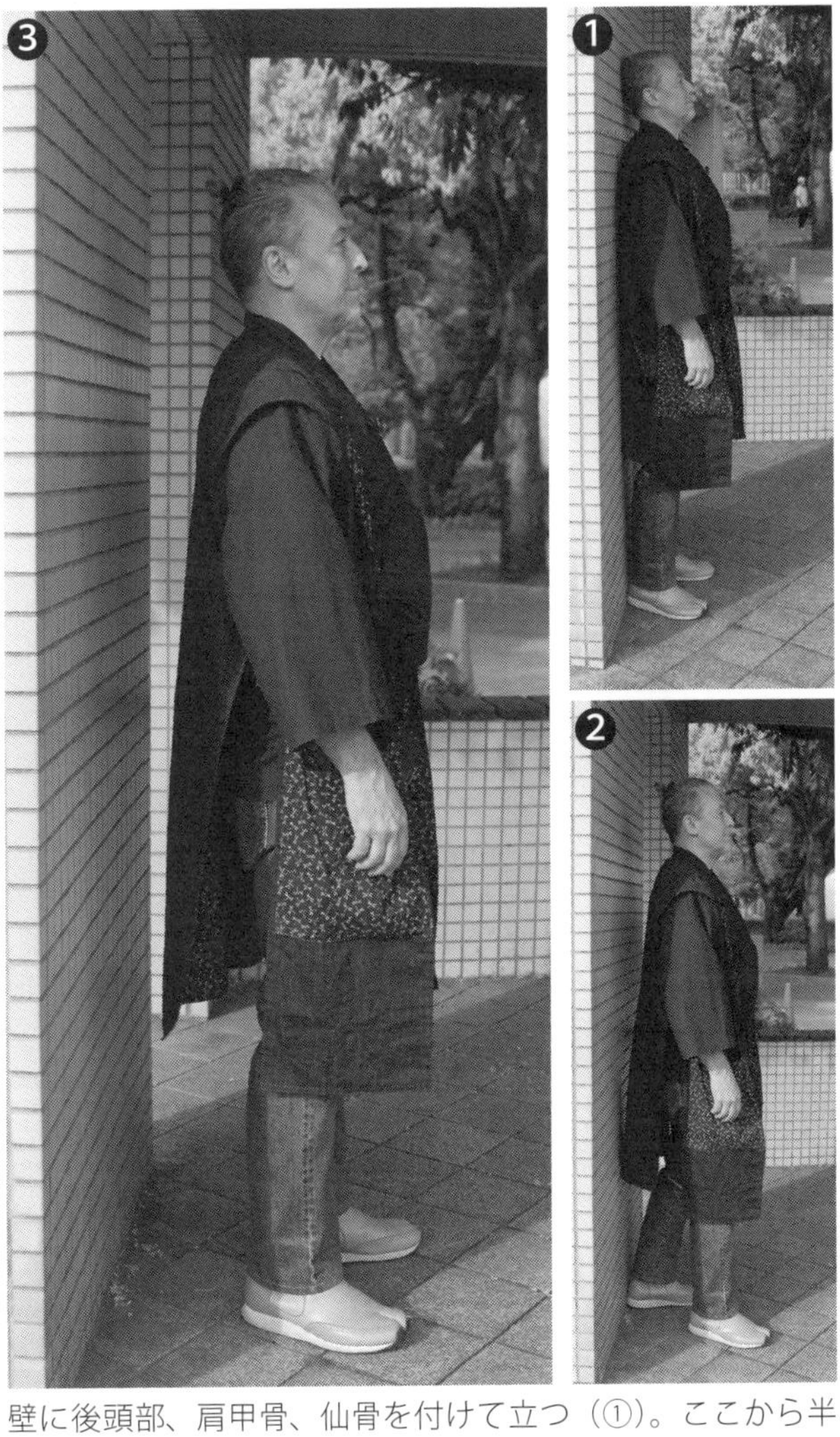

壁に後頭部、肩甲骨、仙骨を付けて立つ（①）。ここから半歩足を進めると（②）、自然に弓なりとなった楽な姿勢を取ることが出来る（③）。

後方回転の修正を掛けることで姿勢を修正出来、これがナンバ的に身体の上下を連動させる動きにもなっている。

矢野師の桐朋学園式ナンバ歩きは基本的に手を上下動させるが、リード式は先述の短棒ムーブを棒を持たずに行う形となり、手は自然な円弧を股関節脇で描く（慣れれば指先のみでも可）。身体を捻って腕を振り、地面を足で蹴って歩く現代ウォーキングと対照的に、動き出しは骨盤、ひいては仙骨であり、頭の上下動もない。実践してみれば、普通に歩くより、ナンバ歩きが「楽」であることに気付くはずだ。

リード師曰く、ナンバの語源は「難場（困難な場）」。交通網が未発達だった中世から近世、山国である日本で長距離移動、坂道、労役などに向き合って暮らしてきた、先人たちの身体使いの知恵の結晶である。

他にも、伊達紐を膝の膝蓋骨下にきつくなり過ぎないように巻く。これによって膝の動きに軽い制動が掛かり、身体の前傾を防いでくれるのだ。先述の短棒を用いたナンバ歩きと同様に、バランスの崩れ、疲労、膝痛防止などの効果が得られる。なお、こちらは忍道家・習志野青龍窟師からのアイデアだそうである。

スマホ歩きは首に悪い！

五キロ程度の人間の頭部もスマホを見るように六十度前傾させれば、首元に掛かる負担はおよそ二十七キロになる。

❸ スマホ歩きに要注意！

今やスマホを見ながら歩いている人は珍しくもないが、五キロ程度の人間の頭部もスマホを見るように六十度前傾させれば、首元に掛かる負担はおよそ二十七キロになるというデータもあるそうだ。これでは頭痛、首痛、肩こりは必至だ。スマホ歩きをしていなくとも、デスクワーク中心の生活だと日常から俯きがちになるだろう。

最も簡便な姿勢矯正法は、その場で軽くジャンプすること。数回行えば自然と両下肢が肩の下、骨盤の下に収ま小股のナンバ歩きの方がラクで速い！

る場所に位置取りされ、楽な立ち姿となる。

もし、身近にあるのであれば「姿勢の矯正には壁を使うのが有効」だとリード師は言う。壁に後頭部、肩甲骨、仙骨を付けて立ってみる。文字通りの真っ直ぐだが、違和感を感じる人がほとんどだろう。人間の体は脊椎を中心にS字カーブを描いており、幾何学的な垂直方向とは反りが合わない。しかし、ここから半歩足を進めると自然に弓なりとなった楽な姿勢を取ることが出来る。これはナンバ歩きの姿勢と共通して、楽でかつ視野が広く取れる利点もある。

④ 大股に名人なし

「大股に名人なし」はリード師の最も好む武道

大股の現代ウォーキングより、

大きなストライドを取る現代ウォーキングと同時にスタートして並んで歩いてみると、小股のナンバ歩きの方が速い。しかも身体への負担も少なく疲れにくい。

格言だそうだが、歩幅もまた歩行の重要な一要素だ。小股で歩行するのはナンバ歩きの特徴の一つ。だが、「小股だと歩くのが遅いんじゃないですか？」と疑問を呈されることもあるとリード師。しかし、実際に大きなストライドを取る現代ウォーキングと並んで歩いてみると、むしろナンバ歩きの方が速いくらいである。

ダイナミックに見える現代ウォーキングだが、身体が捻じれ、無駄な動きや地面を蹴ることによる力のロスが多く、必ずしも効率的な歩行とはなっていないようだ。幕末から明治期に軍の西洋式調練が導入され、武士たちが行進などの西洋的（現代的）な動作の習得に四苦八苦する姿は映画『隠し剣 鬼の爪』をはじめ様々な映画でも見られるが、西洋文化から得たものと引き

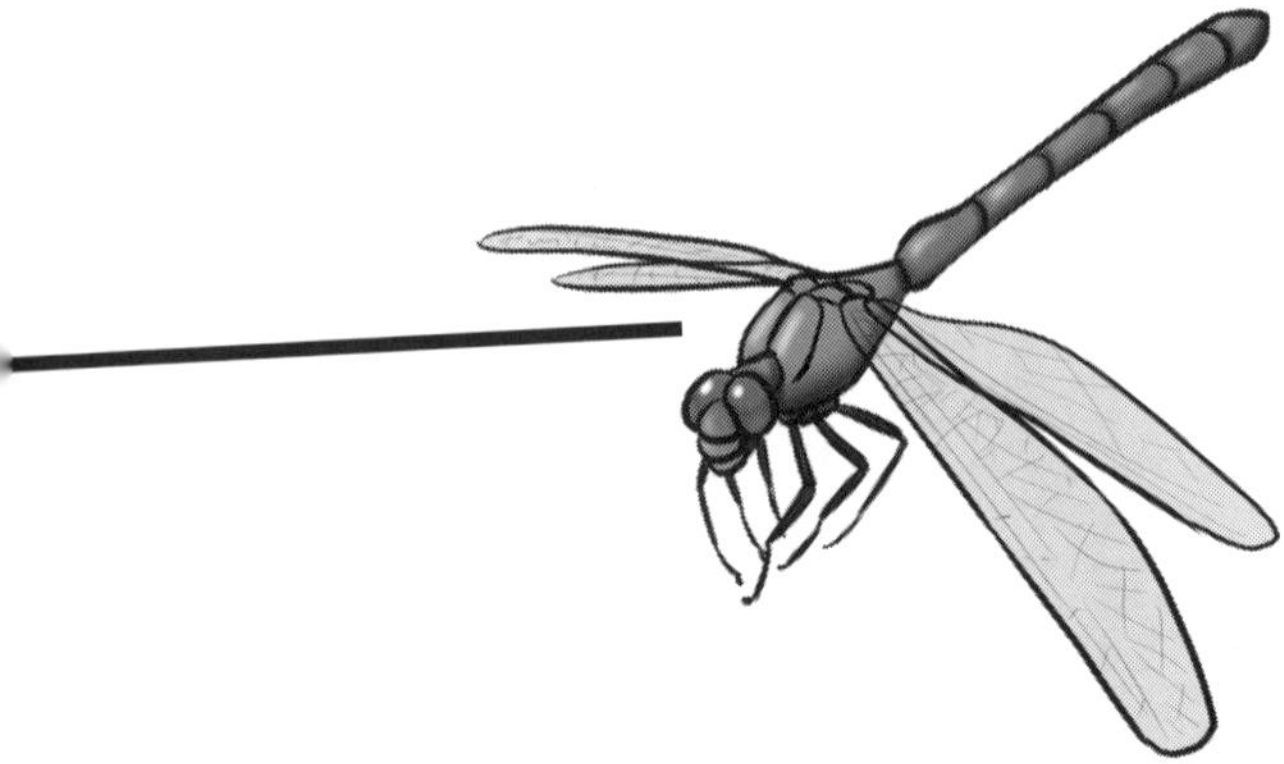

換えに失ったものもまた大きかったのである。

⑤ サムライの勝ち虫「トンボ」は居着かないナンバの象徴

ナンバはサムライの身体操法でもあるが、そのサムライが大事にした意匠が「トンボ」だ。兜や着物、刀の鍔など様々な場所に使用されているが、何故トンボがこれほどまでに好まれたのか。一種のテンプレートの回答が「前にしか進まないから」というものだが、実際のトンボは高速移動から一瞬で滞空したり、そこから別方向へ動き出すなど、極めて変幻自在かつ高度な機動力を持っているのだ。そして、その羽は飛行中、常に目まぐるしく回旋している。ここにトンボがサムライに好まれたヒントがあるとリード師は語る。人間

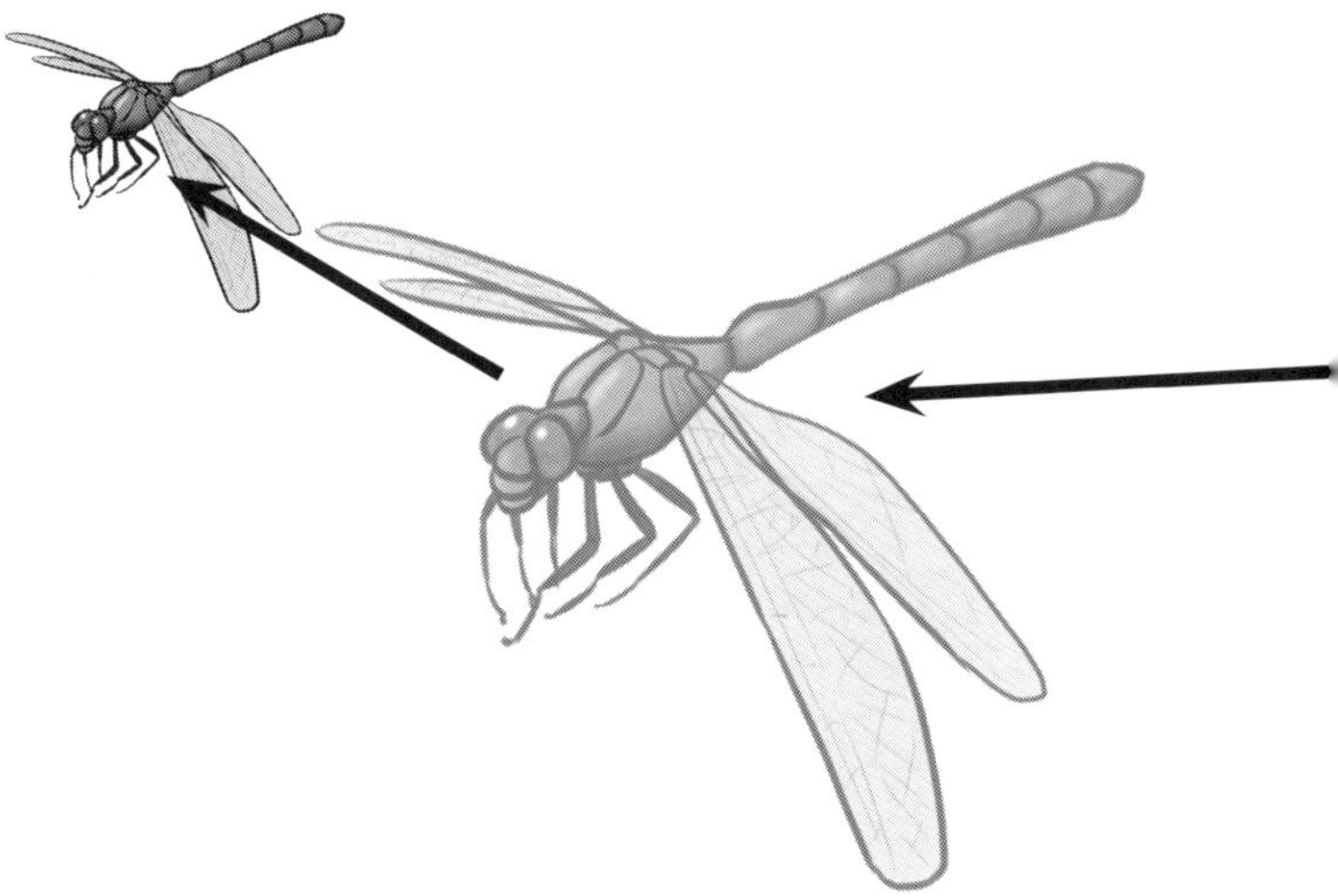

は飛行出来ないが、腰を中心に下肢から全身を連動させれば、地表を居着かずに移動することは可能となる。

ナンバ体操の一つ「ササッとステップ」を行うことで、トンボのように全身にバイブレーションが掛かった状態になり、初動を消して素早く動くことが出来る。リード師は大学で、女子学生にこれを利用した「ナンバ護身術」を指導したこともあるという。

路上で酔漢などに道を塞がれて絡まれるという状況を想定し、数人の男子学生に相手役をやってもらったが、女子学生が「ササッとステップ」を行ってから逃走に移ると、男子大学生の誰もが彼女に追いすがることが出来なかったそうである。

トンボのように居着かないナンバの動きは、当然ナンバ歩きにも内包されており、交通事故など咄嗟の際に危険を避けることにも繋がる。ナンバ歩きを習得す

トンボのように居着かず動く
ナンバ体操「ササッとステップ」

❶

コサックダンスのように右足（①）、左足と交互に出す（②）、「ササッとステップ」を高速で行うことで（③）、トンボのように全身にバイブレーションが掛かった状態になり、初動を消して居着かず素早く動くことが出来る。

❷
❸

「難場」をナンバで切り抜ける
ナンバ護身術

相手に前方の進路を塞がれた状況で、「ササッとステップ」から逃走に移ると（①）、相手はこちらの初動を察知できずに出遅れるため、追いすがることが出来ない（②③）。

「歩けば技になる」
ナンバの極意は武道の極意

❶

❷

❸

前ページの例と同様に前方を塞がれた状態から、ナンバ歩きの手の動きとは逆方向に右手を旋回させて相手の腕を巻き込み（①②）、そのまま前に歩いていけば、容易に相手を崩して立ち去れる（③）。まさに植芝盛平翁の「歩けば技になる」である。

れば、体に負担をかけず楽に歩けるようになるだけでなく、護身や健康にも役立ち、日常生活のクォリティが大きく向上するだろう。そして、常日頃から全ての動作をナンバ式身体使いにしてしまえば、達人・塩田剛三の座右の銘「行住坐臥　一切の時勢　これ最善の道場」も決して不可能事ではないのだ。

第9章

日本古来の超効率的走法 ナンバ走り

ナンバ術協会最高師範
◉矢野龍彦

❶ かつて忍者や飛脚が用いた「秘伝」の走り方

文◉加藤聡史

現代生活に慣れ親しんだ我々にとって、古武術あるいは合氣道や相撲など古流に根差した技芸に入門すると、その身体使いに大いに当惑する場合が多い。そう、これらは着物の着装、二本差しの帯刀、草履などの履物といった日本の伝統的生活と、それに準拠した「ナンバ的身体操法」を基盤として編まれたものだからだ。

体育教育で「捻じり、うねり、踏ん張る」ことがパワーとスピードの源だと刷り込まれた結果、伝統武術や茶道などに入門すると、その初歩的な所作の段階から違和感を感じざるを得なくなった。動きというものが後天的な社会的教育の賜物であるからだ。

やがて稽古を積むうちに指導者や先輩らの指導によって、身体を捻じらず摺り足で歩行するような身体の使い方はある程度身に付くようにはなる。そうでなければ所作も形も成立しないからだが、それをもって古来のナンバ的動きを取り戻せているかと言えば、そうではない。ナンバ的に動いているのはほぼ稽古時間のみで、終わって帰宅しようものなら西洋的身体使いに戻ってしまっている人が大半だ。力士のように一日の大半を稽古と和装で暮らしているような人たちでも、取組が終われば上半身を捻じりながら歩いているのが普通だ。

矢野龍彦
Yano Tatsuhiko

1952年、高知県生まれ。ナンバ術協会最高師範。ナンバ走りの提唱者。筑波大学体育学修士課程コーチ学修了。桐朋学園大学教授。陸上競技上級コーチ。メンタルトレーニング、身心コントロール、シェイプアップ、コーチング、健康教育などの授業を担当し、桐朋中学・高校バスケットボール部のコーチを務める。中央大学非常勤講師も兼務。ナンバ術協会を立ち上げ、同協会を通じて「ナンバ」の動きを日常のさまざまな動きに取り入れ、よりよい生活を営む知恵を広く提唱している。代表作DVD『本当のナンバ歩き』（BABジャパン）、著書『すごい! ナンバ歩き』（河出書房新社）、『ナンバ式！元気生活 疲れをしらない生活術』（ミシマ社）、『「ナンバ走り」を体得するためのトレーニング スポーツ新基本』（MCプレス）、他多数

〈連絡先〉
◎音楽教室DOLCE
https://www.office-dolce.com
TEL：0120-3109-43

これほどまでに現代教育の刷り込みは強固だが、本章で示す通り、徐々にでも生活に取り入れていけば、超効率的身体操法を我が物にするのも夢ではない。桐朋学園大学教授にして、ナンバ術協会最高師範・矢野龍彦師の指導のもと、まずは実践あるのみである。

そもそも江戸時代までの日本人は皆ナンバ歩きで歩行していたというが、走りに関しては「飛脚や忍者といった一部の職業に就く者の特殊技能でした」と矢野師。江戸時代の生活サイクルは非常にゆったりしたもので、武士の登城日なども現代のサラリーマン的感覚からすると非常に限られたものだったという。基本的に急いで走る必要がない社会で、火災などの緊急時においては当時の風俗画などから両手を挙上して逃げ走る姿が窺い知れる。

走りの技能を身に付けた者は表の世界では飛脚、裏の世界では忍者だ。走れることが稼ぎに直結しているので、これらの人々が他人にそれを伝えることはなかったという。矢野師が記録を調べたところ、飛脚の移動距離は一日100キロ、忍者なら200キロに及んだ。結局、「秘伝」としてそのナンバ走りは一般に伝わることなく明治維新を迎え、西洋式軍事教練の導入で一般人の間には西洋式駆け足が定着していく。

江戸時代とは違い、時間に追われる現代社会、ましてアスリートや現代武道を嗜むならば、走ることは必須だ。そこでナンバ歩きを発展させた「ナンバ走り」である。ナンバ的な体の連動を

▲明暦の大火（1657年）を描いた風俗画。炎の中、両手を上げて逃げ走る民衆の姿が窺える（『むさしあぶみ』国立国会図書館蔵）。

感じるために、仰向けで足首を背屈、底屈させると、それに伴い胸郭や骨盤も同じように上下にスライドすることが分かる。左右の半身を上下に連動させる感覚はナンバ的身体操法の肝であり、ナンバ歩きの基本となる「その場ナンバ」にも通じる運動だ。「よく体軸の重要性が言われますが、軸は結果としてできるもので、意識して作ろうとすれば却って各所に力みが出ます」と矢野師。左右の半身を連動させ動かすことができれば、軸は自然と中心に形成されるのである。

その場ナンバ

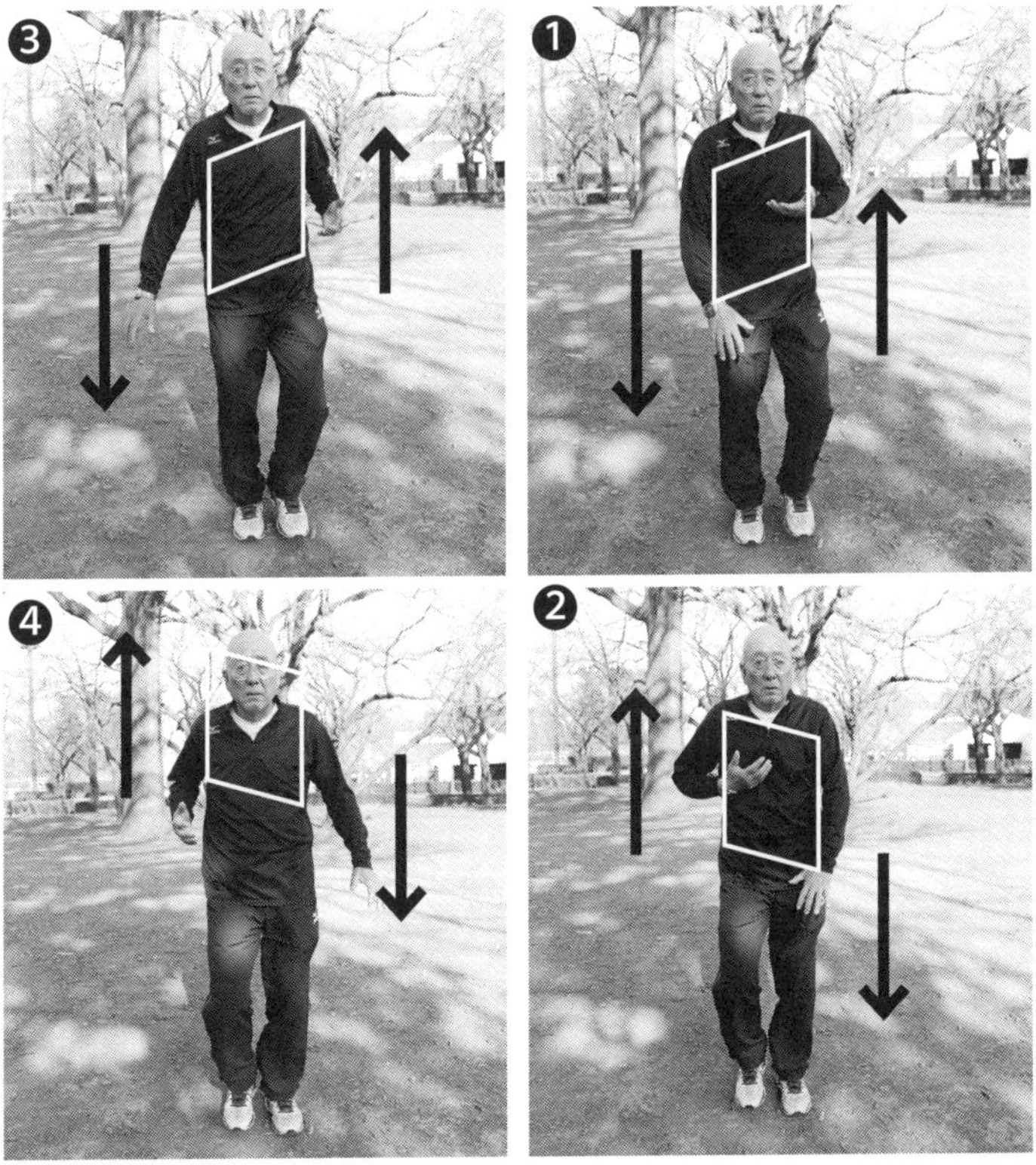

腕を上げるときに同じ側の脚を（❶）、腕を下げるときに同じ側の脚を下げて足踏みする（❷）。腕の上下の動きが脚の動きを生み、胸郭を平行四辺形に変形させる。なお、ナンバ走りの場合は腕を側面に置いて行う（❸❹）。

体の左右を上下させる

❶

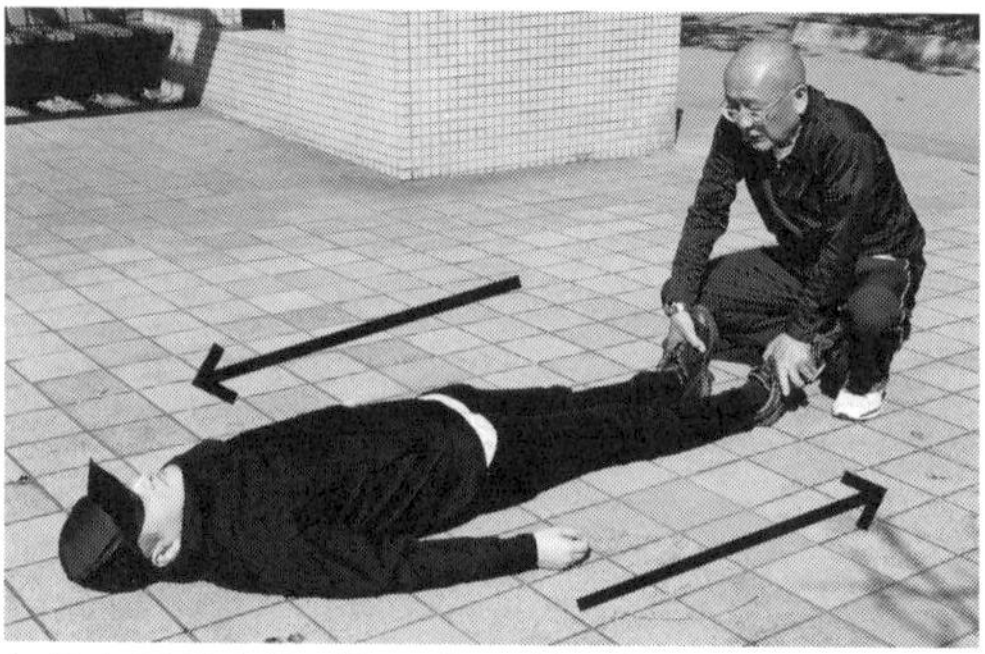

床に寝た状態から右足首を伸ばし、左足首を曲げると胸郭と骨盤の左側面が上にスライドする（❶）。左足首を伸ばして右足首を曲げれば右側面が上にスライドする（❷）。この胸郭と骨盤が連動する感覚を掴むのがナンバ習得の第一歩だ。

ナンバ歩き

「その場ナンバ」の形のまま、胸郭と骨盤を連動させ、手の動きと合わせて同じ側の半身を上下させて歩く。「右手右足を同時に出す」といったものではなく、骨盤や胸郭は前に向けたまま、後ろ足を前に置く。上達すれば腕の動きも不要となる。

❷

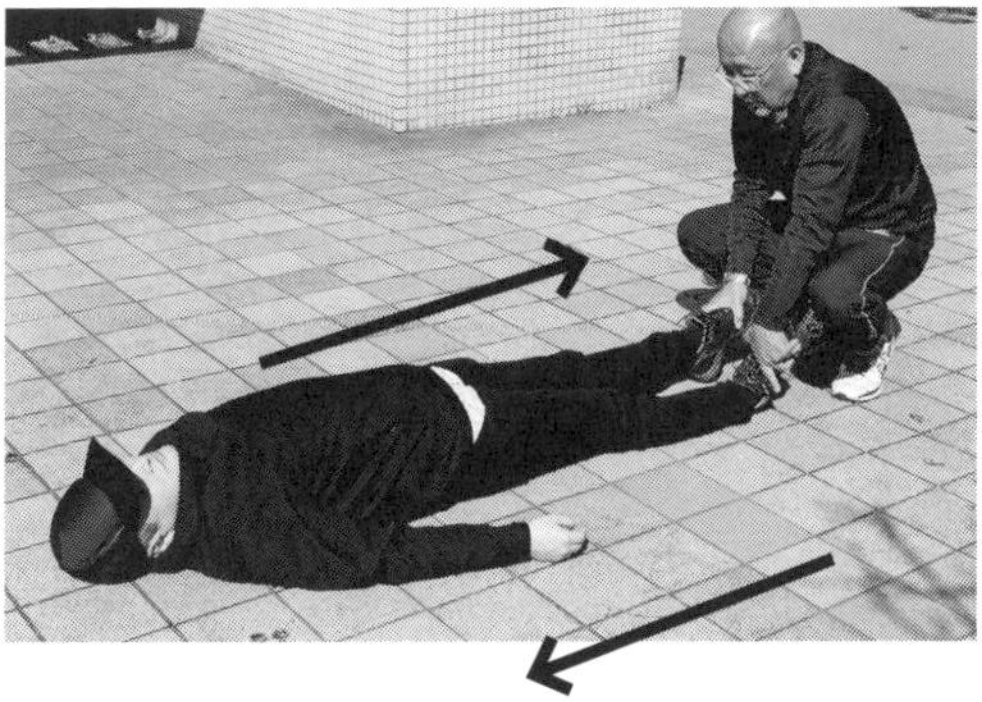

ナンバ式お元気体操

❶

❷

❸

右半身と左半身の連動を身につける運動。右足を斜め前、右手を斜め下、左手を斜め上に置く（❶）。ここからステップするように左足を斜め前、左手を斜め下、右手を斜め上に切り替える（❷❸）。これを左右リズミカルに繰り返す。この体の使い方がナンバ歩きやナンバ走りにそのまま活きてくる。

ナンバ式骨体操

脚を少し開いた状態で、両手の肘を曲げて体の前に出す（❶）。そこから片方の腕を上へ、もう一方を下へ動かす。下の腕の掌が上を向くように腕を回し、同時に上げた手の方向へ両足先を 45 度ほど回すことで「卍」の形になる（❷❸）。これを左右繰り返し、骨盤と胸郭が連動する感覚を掴む。

❷ 人類最速 ウサイン・ボルトもナンバ走りをしていた!?

ナンバ走りの有効性は、現代陸上競技のトップ選手たちからも大きな注目を集めている。2003年の世界陸上、男子200メートルでアジア人初の銅メダルを獲得した末續《すえつぐ》慎吾選手は、自らの走法にナンバを取り入れたことを公言しているし、矢野師によると100・200メートルの世界記録保持者ウサイン・ボルトも肩を前後させないナンバ走りを行っているという。

効率的な身体運用法であるナンバの動きは直線走行でも有効だが、加えて肩が前後にブレないためコーナリングにおいて非常なアドバンテージになる。競走種目は左回りでコーナーを回るが、コーナーでは外に膨らむため通常は右肩を後ろに引きがちだ。これでは身体の捻転を生み、エネルギーロスで減速してしまう。ナンバでは肩が後ろに引かれないため、内側に力を集め、減速を防ぐことができるのだ。陸上選手でなくとも、螺旋階段などをナンバの動きで昇降すると、上りも下りも外に振られない分、快適さに気づくことになるだろう。

ボルトの練習風景を矢野師が見たところ、上り坂の登坂を多く行っていることに気づいたそうだ。坂で地面を蹴って登ろうとすると、これもエネルギー効率が悪い。これをボルトは前方に足を置いていくような走法でエネルギーロスを抑えていた。

身長196センチと短距離走者としてかなり大柄でありながら、スタート直後にボルトが出遅れることは稀である。一世代前の名選手カール・ルイスだと身長185センチで短距離走者としてバランスが取れていたが、40メートル付近までは常に出遅れていた。矢野師によると、これは「地面を蹴っていることで生じる遅れ」だという。ボルトは足を置いて行っているので、巨体でありながら出遅れることなく世界記録を樹立したのではないかと矢野師はみている。これまで「ナンバ走りはマラソンなどの長距離走者向けで、短距離には使えない」という誤解があったが、汎用性の高いナンバ走りの効用がご理解いただけただろうか。

❸ナンバ走りで心と身体に「快」を感じられるように

読者諸兄の中には日常的に健康維持やトレーニングのため、ウォーキングやランニングを行っている方々もいるだろう。矢野師によると、歩行・走行共に適正速度があるそうだ。遅すぎても速すぎても疲れるという経験は皆持っていることだろう。個人差もあるが、目安は「歩行なら一時間に4～5キロ程度、ジョグなら一時間に12～13キロ程度が適正です」と矢野師は語る。身体を鍛える目的で行うなら、歩行から全力疾走まで様々なスピードを取り入れるのが矢野師のおすすめだ。

太古の狩猟採集時代、我々の祖先は獲物を見つけた際、歩行から全力疾走まで様々な速度で追跡を行っていたはず。人類は発汗による優れた体温調節機能を持つからこそ、呼吸のみで体温調節を行う動物を最終的に追い込み捕獲することができたのだろうと矢野師は考える。

ナンバ走りの走法は基本的にナンバ歩きの延長線上にあるもので、左右の胸郭・骨盤を上肢の動きと連動させ上下動で運用する。歩きから自然と走りに移行するのが理想だが、体の前面で上肢を上下させるナンバ歩きの基本形のままでは上肢が邪魔になるので、腕の操作は身体の側方で行うようにする。ナンバ歩きにある程度慣れた人なら、これだけで自然と走りに移行できるはずである。

とは言え、何十年と刷り込まれた西洋式身体使いは強固に体にしみ込んでいるのも事実。日常生活などで、気づくとナンバでなくなっているということも儘あるはずだ。だが、矢野師は「いきなり全てを変える必要はない」と言う。そう簡単に身体習慣は変更できない以上、気づいた時だけでも取り入れていけば徐々に快適な変化が心身に起こってくるはず。ナンバによってもたらされる快適さを感じること。まずはそこから始めてみよう。

ナンバ走り

「その場ナンバ」のナンバ走りの形そのままに、踏み出した脚の側の掌は下に向き、逆の手は掌を上に向ける。骨盤と胸郭を正面に向けつつ上下に連動させることで、「ねじらない」「うねらない」「踏ん張らない」、超効率的な走法が実現する（❶〜❹）。ナンバ走りは固定化されたものではなく、各自がそれぞれにナンバの身体操法を取り入れて、自分に合った走り方を確立してゆく必要がある。

秘伝BOOKS
歩法の極意　ナンバ歩きから縮地法まで

2023年5月10日　初版第1刷発行

編　　集　『月刊秘伝』編集部
発 行 者　東口 敏郎
発 行 所　株式会社ＢＡＢジャパン
〒151-0073 東京都渋谷区笹塚 1-30-11 ４・５Ｆ
TEL　03-3469-0135　　FAX　03-3469-0162
URL　http://www.bab.co.jp/
E-mail　shop@bab.co.jp
郵便振替 00140-7-116767
印刷・製本　中央精版印刷株式会社

ISBN978-4-8142-0543-1　C2075